Renate Bergmann weiß zu vielem etwas zu sagen, und vor allem weiß sie alles besser. Ihre Weisheiten, Ideen, Ratschläge und Rezepte haben wir in diesem Band zusammengetragen, denn: «Es dauert fast das ganze Leben lang, weise zu werden, und dann hat man fast keine Zeit mehr, es zu sein.»

Aber auch, wenn mal keine passende Lebensweisheit zur Hand ist, ist Renate nicht um einen Ratschlag verlegen:

«Wenn man über 80 ist, kann man eigentlich jeden Quatsch behaupten. Man muss nur dazusagen: ‹Das hat meine Mutter schon immer gesagt.›»

Renate Bergmann, geb. Strelemann, wohnhaft in Berlin. Trümmerfrau, Reichsbahnerin, Haushaltsprofi und vierfach verwitwet: Erst eroberte sie Twitter – und mit ihren Büchern dann die ganze analoge Welt.

Torsten Rohde steckt hinter dem Twitter-Account @RenateBergmann. «Ich bin nicht süß, ich hab bloß Zucker» war seine erste Buchveröffentlichung – und ein sensationeller Erfolg, auf den mittlerweile sechs weitere, nicht minder erfolgreiche Bände und ausverkaufte Lesetouren folgten.

RENATE BERGMANN

Das *kann* man doch noch ESSEN

Renate Bergmanns großes
Haushalts- und Kochbuch

Rowohlt Taschenbuch Verlag

Originalausgabe
Veröffentlicht im Rowohlt Taschenbuch Verlag,
Reinbek bei Hamburg, April 2017
Copyright © 2017 by Rowohlt Verlag GmbH,
Reinbek bei Hamburg
Umschlaggestaltung any.way,
Barbara Hanke / Cordula Schmidt
Umschlagillustration Rudi Hurzlmeier
Innenillustrationen Jörg Saupe
Satz aus der Stempel Garamond
bei Dörlemann Satz, Lemförde
Druck und Bindung CPI books GmbH,
Leck, Germany
ISBN 978 3 499 27290 5

Das für dieses Buch verwendete Papier ist FSC®-zertifiziert.

Guten Tag, hier

Entschuldigen Se. Ich muss mir erst mal die Finger abtrocknen, sonst tippt es sich so schlecht. Ich war nämlich gerade beim Fensterputzen.

So. Nun geht es viel leichter. Ich habe die Hände auch gleich mit Handcreme eingeschmiert, damit sie nicht so spröde werden. Diese neumodischen Putzmittel trocknen die Haut nämlich aus, ganz egal, was die Frau Tilly Ihnen in der Werbung erzählt. Glauben Se nicht alles!

Hier schreibt Renate Bergmann. Ich bin nun 82 Jahre alt und habe, seit ich 19 war, meinen eigenen Haushalt geführt. Auch vorher musste ich bei Mutter immer schon mit ran, wenn es in der Küche und beim Reinemachen was zu tun gab. Vater war im Krieg geblieben und die Frau Strelemann alleine mit zwei kleinen Kindern – da war keine Zeit für Gummihopse auf der Straße! Da hieß es: «Renate, komm, du kannst schon mal Staub wischen in der Schlafstube und die Betten zum Lüften raustragen!»

Geschadet hat es mir nicht.

So ist im Laufe der – ach du lieber Schreck, jetzt lassen Se mich mal rechnen – bald sieben Jahrzehnte eine Menge an Erfahrung und Wissen zusammengekommen. Die jungen Dinger heutzutage wissen ja gar nicht mehr richtig Bescheid, was den Haushalt angeht. Ich sehe es doch jeden Tag mit meinen eigenen Augen! Wenn eine meiner Nachbarinnen mit der großen Hausordnung dran ist, dürfen Se nicht in die Ecken gucken. Wie es in den Wohnungen aussieht, will man gar nicht wissen (und durch den Spion sieht man ja nicht viel). Ich glaube, die kämmen nicht mal die Teppichfransen. Liederlich und bequem, beim Putzen genauso wie beim Kochen! Neulich habe ich beim Fäßbock ein Bild hochgezeigt von meinem selbstgemachten Eierlikör. Was meinen Se, was da los war! Alle haben Se geschrieben und wollten das Rezept. Ich konnte es erst gar nicht glauben, dass die das nicht kennen?! Die wissen nicht mal, wie man Eierlikör macht, denken Se sich das. Wahrscheinlich können die auch kein Kaninchen schlachten und das Fell abziehen. Wundern würde es mich jedenfalls nicht!

Da habe ich zum ersten Mal überlegt, ob man nicht sein Wissen aufschreiben und so der nächsten Generation, der übernächsten und womöglich auch schon der überübernächsten weitergeben sollte. Aber Sie wissen ja, wie das ist. Man hat sein Tun, Ilse, Kurt, Gertrud, den Haushalt und den Witwenclub und schiebt es immer wieder auf, und plötzlich ist es aus dem Sinn.

Doch letzten Sommer hat dann die Kleine von Brausingers geheiratet. Ich wusste gar nicht, dass das ein Mädchen war, aber ich frage Sie ganz ehrlich: Wie denn auch? So, wie die heute alle rumlaufen, die Jungens mit Dutt und die Mädelchen mit Stiefeln von der Armee. Ich bitte Sie, wer soll denn das noch verstehen? Jedenfalls hat die kleine Brausinger sich vermählt, sie mit Hosenanzug und der Bräutigam mit einem herrlichen Zopf. So sind die Zeiten, da rege ich mich nicht auf, die machen ja doch, was sie wollen! Da musste man ja nun eine Kleinigkeit schenken. Sonst reden die Leute doch! Ich konnte mir schon denken, dass das jungsche Ding keine Ahnung vom Haushalt hat. Deshalb bin ich in eine Buchhandlung und wollte ihr einen Ratgeber kaufen. Ach du lieber Himmel! Sie machen sich ja kein Bild, was die Verkäuferin mir da alles angeschleppt hat. Es gab ein Regal, das wohl mehr als sieben Meter lang war, und das waren nur die Kochbücher. Es gibt extra Kochbücher für Kartoffeln, für Äpfel und sogar für nordkoreanische Spezialitäten. Aber wie man Reis kocht, das steht nirgends! Darauf jedoch kommt es doch an, daran hapert es doch! Ich werde das nie verstehen: Die lernen in der Schule Rechnen mit Unbekannten, aber wie viele Nudeln man pro Person kalkuliert oder wie viele Klöße zum Weihnachtsbraten, das bringt denen keiner bei! Da muss man sich doch nicht wundern, dass die alle nur Pizza und Dönner essen und aus dem Leim gehen.

Sie hatten auch wohl an die dreißig Bücher zum Thema Putzen, aber da konnte ich auch nur den Kopf schütteln. Da steht dann drin, wie man Jodflecken rausbekommt. Wer von Ihnen hat sich jemals mit Jod bekleckert?, frage ich Sie. (Aber Kuliflecken, wissen Se, die haben es ja in sich. Ich hatte mir die gute beigefarbene Übergangsjacke mit einem hässlichen Kulistrich versaut, als mich der olle Herbert Dratscher beim Rentnerbasteln angerempelt hat. Ich habe den Kulistrich zu Hause ordentlich mit Haarspray eingesprüht und die Jacke wie gewohnt – auf links, bei 40 Grad – gewaschen. Er war nach der Wäsche verschwunden, man kann nicht mecker. N. Da fehlte ein N, das habe ich Ihnen noch nachgetragen, damit Sie nicht denken, die olle Bergmann schludert!)

Ja, und deshalb habe ich mir überlegt, dass ich Ihnen ein paar Tipps, Kniffe und Rezepte aufschreibe. Dutzende Abende habe ich mit meiner Freundin Ilse zusammengesessen, mit der ich zusammen auf der Bräuteschule war, und wir haben in unseren alten Kladden gekramt und alles durchgeguckt. Heute legen die jungen Herren ja kaum noch Wert darauf, ob ein Mädchen überhaupt hausfrauliche Fähigkeiten hat. Wenn sie weiß, wo man Dönner kaufen kann, und die Nummer vom Pizzamann kennt, dann reicht denen das schon. Das war früher anders. Ich weiß noch, als Ilse und ich Backfische waren und Ilse sich die ersten Male mit Kurt verabredet hat, da hat sie sich immer ein bisschen Bohnerwachs hinter die Ohren gerieben. So wusste er, dass sie eine gute Hausfrau ist, und hat sie geheiratet. Wissen Se, vieles kann man heute nicht mehr gebrauchen. Manches ist über 60 Jahre her, damals hatten wir ja nichts! Und wie man aus Löwenzahnwurzeln und Erbsensaat Kaffeeersatz brennt, na, das interessiert bestimmt noch weniger Leute, als wie man Jodflecken auswäscht.

Ich habe mir gedacht, dass das Büchlein lehrreich, aber auch ein bisschen unterhaltsam werden soll. Sie sollen hier nicht nachschlagen, ob man Gardinen bei 40 Grad oder bei 90 Grad wäscht,* sondern ein bisschen stöbern

---

* Bei 40 Grad! Höchstens! Vorher über Nacht in der Badewanne mit ein paar Päckchen Backpulver lauwarm einweichen, so werden sie schön weiß. Und nach dem Waschen nicht schleudern, sondern nur auswringen, bis es nicht mehr tropft, und sodann feucht wieder anbringen. So hängen sie sich schön aus und zippeln nicht.

und das eine oder andere mitnehmen. Dabei wünsche ich viel Vergnügen.

Ihre Renate Bergmann

FRÜHJAHR

———— Wenn Renate Bergmann **REINEMACHT**, dann richtig: Kurt hat die Steckdosen **ABGESCHRAUBT**, damit ich die Rähmchen mit Seifenlauge schrubben kann.————

Silberbesteck

Silberbesteck war ja lange aus der Mode, da dachte ich schon, ich muss Ihnen gar nicht aufschreiben, wie man das sauber kriegt. Aber in letzter Zeit besinnen sich die jungen Leute doch wieder auf die schönen alten Dinge und legen gern die Erbstücke von der Oma auf die Festtafel. Aber Tafelsilber läuft so schnell an und ist dann unansehnlich.

Ilse und ich putzen das immer zwei Wochen vor den Festtagen, ganz egal, ob Ostern oder Weihnachten oder ein runder Geburtstag oder Hochzeitstag ansteht. Für Kurt ist das immer schon ein vorgezogener Feiertag, weil er außer der Reihe eine extra Zigarre rauchen darf. Wir brauchen nämlich die Asche!

Aber der Reihe nach: Zuerst legt man ein Stückchen Aluminiumfolie auf den Boden einer flachen Schale. Darauf gießt man siedend heißes Wasser und streut ein, zwei Löffelchen Kochsalz ein (da können Sie auch das günstige für 19 Cent nehmen, das macht überhaupt keinen Unterschied. Und Jod muss auch nicht dran sein, die Gabeln haben ja keine Schilddüse. In die Lösung kommt dann das versilberte oder auch rein silberne Besteck. Nach ein paar Augenblicken löst sich der ganze Schmutz, und Messer, Löffel und Gabeln strahlen wie neu. Damit das ein Weilchen so bleibt, reibt man das Besteck nach dem Trocknen mit der Zigarrenasche ordentlich ab. Fragen Se mich nicht, warum, aber das haben wir schon immer so gemacht. So soll es nicht wieder anlaufen, aber wenn wir Ostern geputzt haben, müssen wir im Advent doch wieder an die Messer – und Kurt an die Zigarre. Aber Ilse und ich putzen gern, und Kurt raucht mit Leidenschaft, das macht keinem von uns etwas aus.

Buttercremetorte

Ohne meine Buttercremetorte ist es keine richtige Feier! Vorher stöhnen se immer alle, Sie ahnen ja nicht, wie oft ich schon Anrufe hatte: «Tante Renate, aber wehe, du machst wieder Buttercremetorte.» Aber gegessen wird sie dann trotzdem. Was meinen Se, wie die ganze Mischpoke geguckt hat, als ich sie Ostern vor zwei Jahren ein bisschen verklapst und den Kuchen erst nicht auf die Tafel gestellt habe. Natürlich war es nur ein Spaß, selbstverständlich habe ich die Torte nach dem ersten Schreck aus dem Kühlschrank geholt. Tüchtig zugelangt haben sie alle, das hätten Se sehen sollen! Vorher heißt es immer: «Um Himmels willen, ich bin so satt, ich kann jetzt keine Torte essen!», aber wenn sie so lecker auf dem Tisch steht, na, dann schlagen alle kräftig zu. Nee, ich habe eine eiserne Regel bei jeder Feier: Um drei wird Kaffee aufgebrüht und Buttercremetorte gegessen! Und dann soll mir keiner damit kommen, dass er noch nicht wieder essen kann, weil das Mittagessen erst zwei Stunden her ist. Auf dem Ohr bin ich taub! Ich stehe schließlich in der Küche und gebe mir die größte Mühe, da will ich kein Gejammer hören, sondern ein «Mmmh!», so laut wie früher immer beim Bioleck.

Und so backt man Renate Bergmanns berühmte Buttercremetorte. Es ist gar keine große Mühe:

Zunächst macht man – gerne schon am Vortag – einen Biskuitteig:

```
100 Gramm Butter
  6 Eier
180 Gramm Zucker
150 Gramm Mehl
```

Nee, da fehlt nichts, da hat die olle Bergmann nichts vergessen. Mehr kommt wirklich nicht dran.

Die Eier trennen und die Eiweiß – oder sagt man da «Eiweiße»? – steifschlagen. Die Eigelb – e? – rührt man zusammen mit dem Zucker tüchtig über einem Wasserbad (in diesen modernen Zeiten können Sie dafür auch den Mixer nehmen. Ich habe noch meinen RG 28, der ist wie neu! Einmal musste ich neue Rührstäbe kaufen, das weiß ich noch, da hatte ich den Stefan dabei. Er war damals noch ein Bub von vielleicht acht Jahren. Der guckte die Verkäuferin ganz komisch an, und ich dachte schon, die gefällt ihm wohl, aber er fragte nur: «Tante Renate, kommt man bei denen auch zum Ablecken gut mit der

Zunge dran?» Nee, was haben wir gelacht! Aber wo war ich? Ja, der Mixer. Nehmen Se ruhig den Mixer. Auch eine Renate Bergmann will sich dem Fortschritt nicht in den Weg stellen), bis eine dicke weiße Creme entsteht. Die nehmen Se vom Wasserbad und sieben das Mehl hinzu. Ebenfalls jetzt kommt die geschmolzene Butter hinzu. Alles wird gut verrührt, und zum Schluss hebt man das geschlagene Eiweiß sachte darunter. Nicht zu stark rühren, nur vorsichtig unterheben! Da kein Backpulver drankommt, ist das Eiweiß das einzige Treibmittel, und wenn Se den Schaum rausrühren, wird es kein Biskuitboden, sondern ein großer Keks. Ein bisschen Mühe müssen Se sich schon geben! Der Teig kommt in eine Springform, bei der man den Boden mit einem Bogen Backpapier bespannt, und wird eine gute halbe Stunde bei 180 Grad Umluft gebacken.

Auskühlen lassen, am besten über Nacht.

Am Festtag wird die Torte mit Buttercreme gefüllt und verziert. Und da lüfte ich jetzt ein Geheimnis. Ich habe bisher allen erzählt, dass das ein französisches Rezept von meiner Urgroßmutter ist, die an einem Fürstenhof in Stellung war, und dass da 12 Eier drankommen und dass sie ganz kompliziert zuzubereiten ist. Da habe ich geflunkert. Aber nur, um Gertrud zu ärgern, die hat nämlich auch nie erzählt, wie sie ihren Rührkuchen macht, der so schön saftig ist! Ilses ist immer staubig und trocken wie Wüstensand. Ich will gar nicht wissen, was die da reinquirlt. Selbst wenn ihr Rührkuchen frisch aus dem Ofen kommt, ist es, als würde man einen Löffel Semmelmehl essen oder etwas aus Denkel, das Kirsten angeschleppt hat.

Die Buttercreme geht so:

```
3/4 Liter Milch
  2 Päckchen Vanillepudding
  4 Esslöffel Zucker
```

aufkochen, dabei tüchtig rühren, sonst brennt es ganz schnell an!, und über Nacht gut erkalten lassen.

Die Creme geht ganz einfach: Rühren Se jetzt gut anderthalb Stück Butter in den Pudding vom Vorabend ein. Dabei müssen Pudding und Butter die gleiche (Zimmer-)Temperatur haben, das ist ganz wichtig!

Den ausgekühlten Tortenboden schneidet man mit einem großen Brotmesser in drei Scheiben. Das werden

die Etagen für die Torte. Die untere Lage wird bestrichen mit erwärmter Aprikosenmarmelade. So wird sie schön flüssig, wissen Se. Wenn keine Kinder mitessen, können Se den Boden auch ruhig zusätzlich mit ein paar Löffeln vom Rumtopf beträufeln. Das hebt die Stimmung an der Tafel.

Darauf setzen Se die zweite Kuchenscheibe und geben zwei, drei Esslöffel von der Buttercreme drauf und ein paar Dosenmandarinen. Schön verstreichen und den Deckel aufsetzen. Nun wird die Torte rundum mit der Creme bestrichen. Wir sind alle keine Meisterbäcker, also grämen Se sich nicht, wenn es ein bisschen schief wird und nicht aussieht wie im Fernsehen. Die lernen das schließlich drei Jahre lang, und wir Hausfrauen und -männer machen es nur aus Liebe! Zum Schluss füllt man den Rest Buttercreme in einen Spritzbeutel und verziert die Torte nach Geschmack. Ilse ist da eine Meisterin, sage ich Ihnen. Sie schiebt die Brille auf die Nasenspitze und die Zunge zwischen die Zähne, und dann legt sie los. Ihre Torten sind immer Prachtstücke. Meine sehen immer ein bisschen wie Kirstens Vater aus oder wie der Mond, aber Hauptsache ist doch, dass se schmecken. Ganz zuletzt lege ich noch ein paar Spalten Mandarinen – die schönen, die in der Büchse heile geblieben sind – drauf und bestreue den Rand mit Schokoladenstreuseln. So akkurat wie Ilses Meisterwerke ist meine Buttercremetorte nie, aber wissen Se, es schreit sowieso immer die Hälfte: «Für mich nur ein kleines Stück!», und einmal in schmale Streifen geschnitten (unter sieben Zentimeter am äußeren Rand sollte man aber nicht kommen, sonst lohnt es nicht), ist doch jede Torte gleich.

Man muss sich nur zu helfen wissen!

Eier färben

Lassen Se es drei Jahre her sein, da war es an Ostern wieder so weit: Kirsten war nicht aufzuhalten und kam mich besuchen. Es ist sehr anstrengend mit dem Kind, müssen Se wissen. Sie ging da schon auf die 50 zu, und man sollte doch wohl denken, sie hätte ihren inneren Frieden und alles gefunden, aber sie sucht wohl immer noch danach, mit Wünschelrute und Schenk Pfui. Mein Ansinnen war es – wenn ihr Besuch schon unabwendbar war –, sie so oft und gut wie möglich zu beschäftigen. Je mehr man sie umherscheucht, desto weniger Zeit hat sie, mich bei den Nachbarn lächerlich zu machen und den Primeln auf dem Balkon etwas vorzusingen, damit sie länger blühen.

Ich schlug deshalb vor, die Eier mit Bio zu färben. Wissen Se, es muss nicht immer Chemie sein, Mutter Natur hält einen großen Schatz bunter Farben für uns bereit. Kirsten war Feuer und Flamme. Das war noch, als sie nur kein Fleisch gegessen hat, Käse und Eier aber sehr wohl. Heute könnte ich sie mit Eierfärben nicht mehr ablenken wegen wegan, aber damals klappte das noch. Kaum dass sie angekommen war, war sie auch schon wieder im Wald verschwunden und sammelte stundenlang alles Mögliche für unsere Eierfärberei. Dass sie dabei die Wokkingtruppe von Frau Steinke getroffen und mit ihnen Bäume umarmt und die Frauen Beckenbodengymnastik machen lassen hat, das habe ich erst später erfahren, als ich bei Frau Steinke Briefmarken kaufen wollte. Sie arbeitet in der Post, wissen Se. Da kann ich seitdem auch nur noch hin, wenn der Kollege von der Frau Steinke, der einem immer auch Strom oder ein neues Konto verkaufen will, für den Dienst eingeteilt ist.

Wichtig ist jedenfalls, dass die Eier genau 10 Minuten im kochenden Wasser sind. Weniger ist nicht gut, dann sind sie noch dünn, und das will man vielleicht beim Frühstücksei, aber nicht bei Ostereiern. Mehr ist auch nicht gut. Dann wird das Gelbe blau, und die Eier sind trocken wie Ilses Sandkuchen.

Rote Beete färbt die Eierschale rot, Rotkohlblätter lassen sie lila werden, Heidelbeersaft macht blau/grau. Birkenblätter färben gelbgrün, von Ahorn werden se goldgelb, von Möhren orangegelb. Zwiebelschale macht sie braun und Efeublätter, Petersilie und Spinat grün. Kirsten hat noch alles mögliche andere Kraut mitgebracht, und wir färbten wohl bald alle Farben des Regenbogens, ach, es war so ein schöner Nachmittag! Aber ich greife vor; nach dem die Eier hart gekocht sind, machen Sie es bitte so: In das Kochwasser der Eier kommt ordentlich Essig, das greift den Kalk der Schale an. Das macht, dass die Eier die Farbe auch schön annehmen. Die einzelnen Zutaten kommen in nicht zu viel heißes Wasser, damit die Farben schön kräftig werden. Es darf aber nicht mehr kochen! Ich habe immer ausgewaschene Becherchen von der Margarine stehen, die würde ich aber nicht empfehlen. Die Plaste wird weich, und man hat die Sauerei auf dem Küchentisch, nee. Nehmen Se also bitte kleine Töpfe oder Schüsselchen aus Porzellan. Mit ein bisschen Scheuersand kriegen Se die später im Handumdrehen sauber, sorgen Se sich da nicht. Ich lege trotzdem Zeitungspapier auf dem Küchentisch aus, wissen Se, selbst wenn man noch so achtsam ist – gekleckert wird immer! In dem Farbsud haben wir die Eier eine gute halbe Stunde liegenlassen und sie nach dem Trocknen schön mit einer Speckschwarte abgerieben und zum Glänzen gebracht. Kirsten hat vielleicht die Nase gerümpft, aber die Pelle macht man ja vor dem Essen sowieso ab. Ich habe sie tags drauf noch mal in den Wald geschickt, um Moos zu suchen, und wir haben hübsche Körbchen gebastelt und im Haus verschenkt. Ach, das war ein schönes Osterfest. Jetzt isst sie ja nur noch wegan, da habe ich als Mutter sehr viel Aufwand mit. Wenn sie auf Besuch kommt, mache ich ihr Smufies mit einer Maschine, die alles klein häckselt, aber da schreibe ich Ihnen lieber keine Rezepte auf. Entenklein ist, soweit ich weiß, nicht ganz wegan, und wenn sie das liest, gibt es nur wieder Geschrei.

Hefekuchen

Die meisten Leute haben Angst davor, Hefeteig zu backen, weil er ihnen «noch nie gelungen ist». Dabei ist es kinderleicht – man braucht im Grunde nur zwei Dinge: eine muggelig warme Küche und Geduld.

Ich schreibe erst mal die Zutaten auf, damit Se wissen, worüber ich rede:

```
500 Gramm Mehl
1/4 Liter Milch
  1 Würfel Hefe
  1 Prise Salz
 60 Gramm Zucker
 50 Gramm Butter
  2 Eier
```

Bei Hefeteig muss man ganz genau wiegen, deswegen stehen die Angaben jetzt auch so akkurat da. Schludern Se da bitte nicht! Wiegen Se vor Beginn alles ganz genau ab und lassen Se die Zutaten auf Zimmertemperatur kommen. Wenn die Eier direkt aus dem Kühlschrank aufgeschlagen werden, darf man sich nicht wundern, wenn der Teig nicht aufgeht.

Das Mehl siebt man in eine große Schüssel.

Die Milch kommt in einem Topf auf die kleine Flamme und wird lauwarm erhitzt. Höchstens 40 Grad! Da bröselt man die Hefe rein, löst sie sachte auf und gibt eine Prise vom Zucker und 4 Esslöffel vom Mehl hinzu. Das rührt man leise durch und lässt es, abgedeckt mit einem sauberen Küchentuch, eine halbe Stunde stehen. Das ist der Vorteig, der muss jetzt ohne Zugluft und bei warmer Temperatur gehen.

Nach der halben Stunde nimmt man die Schüssel mit dem gesiebten Mehl zur Hand und gibt den restlichen Zucker und die Prise Salz hinzu. Gut durchmengen. Geben Se nun die Eier, die in Flöckchen gezupfte, weiche Butter und den gegangenen Vorteig hinzu.

Nun waschen Se sich GRÜNDLICH die Hände, denn der Teig muss mit den Fingern geknetet werden. Alles andere hat gar keinen Sinn. Man muss keine teure Küchenmaschine einsauen, zum Schluss nimmt man sowieso die Hände, weil der Teig nur so richtig gelingt. Da sparen Se sich den Abwasch besser von Anfang an.

Wenn der Teig schön glatt ist, legen Se ihn zurück in die Schüssel und decken ihn mit dem Küchentuch ab. Er muss jetzt, genau wie der Vorteig, im Warmen ruhen – und zwar eine Stunde lang. Derweil können Se den Abwasch machen. Wenn das klebrige Zeug nämlich gleich gespült wird, macht es nur die halbe Arbeit.

Wenn der Teig gegangen ist, walken Sie ihn noch mal kräftig durch und geben bei Bedarf noch etwas Mehl hinzu. Sie wissen nicht, wann Bedarf besteht? Na, falls er zu weich ist, junger Freund. Dann rollen Se ihn auf dem Blech aus und belegen ihn nach Herzenslust

– mit frischen Pflaumen,
– mit Apfelstücken,
– mit Bienenstich oder
– mit Streuseln.

Streusel gehen ganz leicht:

```
400 Gramm Mehl
250 Gramm Butter
250 Gramm Zucker
  2 Päckchen Vanillezucker
```

Alles mit den Händen verkneten, bis die Streusel schön bröselig sind. Nicht zu lange, denn sonst wird es ein geschmeidiger Teig! Die Streusel krümelt man auf den Hefeteig und backt den Kuchen gute 20 Minuten bei 180 Grad Umluft ab. Ach, wie das duftet! Lassen Se ihn im Rohr, bis er goldgelb ist. Die 20 Minuten sind nur ein Richtwert. Sie müssen schon selbst ein bisschen gucken, wie braun sie ihn mögen.

Bienenstich

ist ein bisschen aufwendiger, aber es lohnt sich.

```
250 Gramm gehackte Mandeln
250 Gramm Zucker
250 Gramm Butter
  2 Esslöffel Honig
  2 Esslöffel Kaffeesahne
```

Die Butter lässt man in einem Topf auf halber Flamme langsam zergehen, dann gibt man den Zucker und die gehackten Mandeln dazu und lässt alles kurz aufkochen. Anschließend den Honig hinzufügen und den Topf vom Herd nehmen. Zu guter Letzt noch die Kaffeesahne unterrühren und die fertige Mandelmasse gleichmäßig auf dem Hefeteig verteilen.

Alles bei 180 Grad Umluft gute 20 Minuten backen. Ach, allein beim Gedanken daran läuft mir das Wasser im Munde zusammen!

Kühlschrank

Ich stelle den Kühlschrank immer nur auf Stufe eins. Wenn man das Ding auf höchster Stufe laufen lässt, na, dann muss man sich nicht über die Stromrechnung wundern. Wenn ich was Gefrorenes aufzutauen habe, dann stelle ich es in den Kühlschrank. Das hat gleich zwei Vorteile, wissen Se – erstens leiden die Speisen nicht so, wenn man sie schonend und langsam auftaut, und zum Zweiten senkt es noch die Temperatur im Kühlschrank. Das spart! Und die Umwelt schont ein nicht so hoch eingestellter Kühlschrank auch. Eine Renate Bergmann ist nun kein Donald Trumpf und weiß, dass es in Berlin einen Strand geben kann, wenn die kleine Lisbeth dereinst eine Oma ist, wenn man nichts dagegen tut.

Kalte Butter

Normalerweise esse ich immer Margarine, keine Butter. Margarine schmeckt mir auch, und Frau Doktor hat weniger zu meckern. Aber es gibt Sachen, die schmecken mit Butter einfach besser. Wissen Se, ich bin 82 Jahre alt, da muss ich meine Scholesterinwerte nicht mehr renovieren. Bevor der da oben mitkriegt, dass die sich überhaupt bewegen, hat er mich wahrscheinlich längst zu sich gebetet.

Aber wie das so ist: Wenn man mal Appetit auf Butter hat, steht die im Kühlschrank und ist hart wie Beton. In dem Fall reibe ich ein paar Flocken mit dem Gemüsehobel auf das Brot. Was meinen Se, wie fein sich das streichen lässt. Manchmal streue ich noch ein bisschen von dem feinen Salz obenauf, das Gertruds Enkelin mir von einer Schulbusreise mitgebracht hat. Salz darf ich auch nicht so reichlich, aber das soll den Stuhlgang regulieren, und die Doktorsche liest das hier ja wohl nicht.

Schnittblumen

Im Grunde bin ich nicht für Schnittblumen. Sie kosten einen Haufen Geld, sind im Handumdrehen verblüht, und was das für eine Umweltverschmutzung ist, die im Gewäschhaus zu züchten, zu düngen und aus Afrika ... Moment. Es muss GEWÄCHSHAUS heißen. Himmelherrje, diese kleinen Buchstaben! Stefan muss mir das größer stellen. Wo war ich? Also, was das für eine Umweltverschmutzung ist, da spricht keiner drüber. Aber wenn man schon mal einen Strauß geschenkt bekommen hat, will man auch so lange wie möglich was davon haben. Wenn die Blumen billig waren und nicht so hübsch sind, bringe ich sie zum Friedhof. Das geht immer reihum zu einem meiner Männer aufs Grab, da bin ich gerecht. Also, die billigen Sträuße, die Erwin Beusel mir von der Tankstelle mitbringt oder die man im Wahllokal kriegt, wenn man früh gleich die Erste ist, die kommen nach Moabit zu Otto, nach Karlshorst zu Wilhelm, nach Staaken zu Franz oder hier nach Spandau zu meinem Walter. Je nachdem, wer dran ist. Handelt es sich jedoch um ein großes, teures Gebinde, dann gehört sich das nicht. Was sollen denn die Leute denken? Denken Se sich nur mal, Sie verschenken ein Bouquet für 30 Euro und spazieren zwei Tage später zufällig über den Friedhof und sehen das da stehen? Nee, das geht nicht. Das kann man nicht machen. Das muss man schon in die Vase und auf das Vertiko stellen. Wichtig ist, dass man handwarmes Wasser nimmt und die Blumen schräg anschneidet, bevor man sie dorthinein stellt. Je größer die Schnittfläche, desto besser können die Blumen das Wasser aufnehmen. Deshalb schräg schneiden, hören Sie! Ja, und ob es nun was bringt, eine Prise Zucker oder einen Cent aus Kupfer ins Wasser zu tun – ich habe das alles probiert, aber nie einen Unterschied gemerkt. Ich wechsle lieber täglich das Wasser und schneide die Stiele frisch an, so halten sich meine Schnittblumen bald zwei Wochen lang. Probieren Se es gern mal aus! Auf dem Friedhof muss Frischwasser alles zwei Tage genügen, jeden Tag die große Gießtour durch ganz Berlin ist selbst für eine Renate Bergmann zu viel.

Blumentöpfe

Alpenveilchen habe ich nicht, die gehen bei mir immer ein. Dafür aber Chrysanthemen, Kakteen, einen Ficus – ach, man kriegt ja so viel geschenkt, und wenn man sie pfleglich gießt, hat man jahrelang seine Freude daran. Frau Berber hat sogar Chlamydien, habe ich sie neulich im Flur flüstern hören. Aber egal, ob Alpenveilchen, Orchideen oder Grünpflanzen – eins haben die Blumen alle gemein: Man muss sie in einem Topf haben, der unten ein Loch hat, damit das Gießwasser abfließen kann. Dann spült sich aber immer auch ein bisschen Erde mit aus, und man hat das Geschmadder auf dem Fensterbrett. Deshalb lege ich gern ein bisschen Filterpapier über das Loch im Blumentopf, wenn ich die Pflanze umtopfe. So bleibt alles schön sauber, wenn man gießt. Selbst wenn man Untersetzer verwendet, ist es doch schöner, wenn man den Dreck nicht sieht. Nich wahr?

Bettwäsche und Gardinen

Ich wasche immer im Wechsel – eine Woche Bettwäsche, die andere Woche Gardinen. Natürlich nicht immer die gleichen Gardinen, sondern jede Woche eine andere – Wohnstube, Schlafstube, Küche, immer reihum, so wie bei den Friedhofsblumen für meine Männer, hihi. Schließlich muss alles seine Ordnung haben! So ist die Bettwäsche alle zwei Wochen dran und die Gardinen und das dazugehörende Fenster alle sechs Wochen. Ich gebe zu, das ist ein bisschen selten, aber mehr schaffe ich in meinem Alter nicht mehr. Sehen Se es mir nach. Bestimmt waschen Sie Ihre Gardinen häufiger?

Die Stores gebe ich bei 40 Grad in die Maschine, wenn Se richtig aufgepasst haben, wissen Se das schon. Sehen Se! Dachte ich mir doch, dass Sie es überlesen. Ein bisschen Obacht müssen Sie schon geben, sonst hat das gar keinen Sinn, und Ihre Gardinen werden immer einen Grauschleier behalten. Vor dem Waschgang in der Maschine werden die Vorhänge über Nacht in der Badewanne mit ein paar Päckchen Backpulver lauwarm eingeweicht, so werden sie schön weiß. Auch wenn in Ihrem und meinem Haushalt keiner raucht – vom Kochen allein setzt sich so viel fest, nee, man staunt immer wieder, wie dreckig das Wasser ist. Wichtig ist, dass Sie die Gardinen nach dem Waschen nicht schleudern, sondern nur auswringen, bis sie nicht mehr tropfen, und sodann feucht wieder aufhängen. So hängen sie sich schön aus und zippeln nicht. Wählen Se also bitte ein Programm «ohne Schleudern» beim Waschautomaten aus. Bei mir ist das die 67, aber sicher ist das von Gerät zu Gerät verschieden. Beim Aufhängen hilft mir meist Stefans Frau Ariane. Ach, das Mädel ist ein Engel. «Du gehst nicht auf die Leiter mit deiner operierten Hüfte, Tante Renate!», schimpft sie und ist zur Stelle, wenn ich sie brauche. Wir reden bei der Hausarbeit dann «von

Frau zu Frau», und so bleibe ich auf dem Laufenden, was die jungen Leute so denken.

Betten waschen klappt noch allein. Sie kommen selbstverständlich jeden Morgen zum Lüften aus dem Fenster, das versteht sich doch wohl von selbst! Natürlich nur in den Monaten ohne «R», weil sonst die Feuchtigkeit so reinzieht. Also von Mai bis August. Wenn ich sehe, dass die Leute ihre Betten nie zum Lüften aus dem Fenster hängen, weiß ich schon, was ich von denen zu halten habe. Liederliches Volk! Auch wenn das Deckbett gut gelüftet wird bei mir, werden die Bezüge alle zwei Wochen gewaschen und gestärkt. Wissen Se, in meinem Alter ... es kann immer mal sein, dass ich des Abends einschlafe und morgens nicht mehr aufwache. Wenn dann die Doktorsche, der Bestatter und vielleicht auch Kirsten kommen und mir die Hände falten – ja, sollen die denken: «Ach du je, die Betten hätte sie aber auch mal waschen können!»? Nee! Das soll nicht sein! So achte ich drauf, dass alles immer tipptopp ist. Wenn man schon gehen muss, will man schließlich wenigstens einen guten Eindruck hinterlassen und Veilchenduft.

Bettwäsche muss man übrigens nicht bügeln. Da gibt es einen Trick: Man lässt sie einfach nicht ganz knochentrocken werden und zieht sie. «Betten ziehen» kann ich am besten mit meiner Freundin Gertrud. Sie kommt auf

1	11	21 Arztkühbach
2 Betten waschen	12	22
3	13 7:30 Frau Dr. Bingel	23 Gardinen Schlafstube
4	14	24
5 Marianne Geburtstag!	15	25
6	16 Betten waschen	26
7 Papiertonne	17	27
8	18	28
9 Gardinen Wohnstube	19	29
10	20	30 Betten waschen
		31

einen Tee zu mir rum, und dann stellen wir uns beide auf, jede fasst ein Ende des Bettbezugs oder des Lakens, und dann zeihen wir rutsch-ratsch hin und her und glätten die Wäsche so. Mit Gertrud geht das prima, sie hat vom Gassigehen mit ihrem Hund Norbert kräftige Oberarme und hält gut dagegen. Ilse würde ich mit einem Ruck in den Gummibaum ziehen, oder aber sie ließe das Betttuch los und schlüge lang hin, mit ihr hat das keinen Sinn.

Ich habe auf dem hübschen Wandkalender vom Bäcker, der meine Küche ziert, genau angeschrieben, wann Gardinen und wann Betten dran sind. Eine Renate Bergmann ist durch und durch organisiert.

Zitronenkuchen

Das ist ein Rezept von Gertrud. Sie hat es von ihrer Tochter, die in Italien im Urlaub war. Gerade im Frühling, wenn die Sonne schon Kraft hat und man nachmittags bereits im Freien sein Tässchen Schonkaffee genießen kann, macht dieser Kuchen Appetit und Vorfreude auf den Sommer. Nicht nur, weil er so schön gelb ist, er mundet auch wunderbar. Ich könnte mich reinsetzen in den Kuchen, so lecker ist er. Und ganz ohne Butter!

Man braucht

```
  3 Zitronen
  3 Eier
250 Gramm Zucker
200 ml Milch
400 ml Olivenöl

300 Gramm Mehl
  1 Teelöffel Backpulver
  1 Prise Salz
1/2 Paket Puderzucker
```

Zunächst wäscht man die Zitronen heiß, trocknet sie gut und reibt das Gelbe von der Schale fein ab. Aber

Vorsicht! Nicht, dass etwas Weißes mit ins Schüsselchen kommt. Das Gelbe können Sie nun beiseitestellen und die Eier und den Zucker schön schaumig aufschlagen. Sodann die Zitronenschale, die Milch und das Olivenöl dazugeben und gut verrühren.

Das Mehl, das Backpulver und das Salz werden vermengt und unter die Masse gerührt.

Das Backblech legen Se bitte mit einem Blatt Backpapier aus und gießen den Teig darauf. Im Backofen bei – na, sagen wir mal, 180 Grad Umluft – nee, warten Se bitte, ich rufe Gertrud noch mal schnell an, um ganz sicher zu sein. Ich habe es hier nicht notiert … doch! Hier steht's! 180 Grad!

Ja. Bei 180 Grad lassen Se den Kuchen eine gute halbe Stunde goldbraun backen. Nach dem Abkühlen werden zwei der abgeriebenen Zitronen von der weißen Restschale befreit, und man schneidet sie in dünne Scheiben. Die kommen auf den Kuchen, und alles wird mit einem Guss aus einem halben Päckchen Puderzucker und dem Saft der dritten Zitrone begossen.

Wunderbar! Und wie gesagt, ganz ohne Butter! Das Scholesterin von dem Olivenöl sieht die Galle nicht, das ist wie mit dem Korn. Langen Se nur tüchtig zu!

SOMMER – EINKOCHZEIT!

———Ilse hat beim **MARMELADENWETTBEWERB**
im Seniorenzentrum den 2. Platz belegt.
Ohne den **OHRENKNEIFER** drin
wäre es bestimmt die Goldmedaille
geworden.———

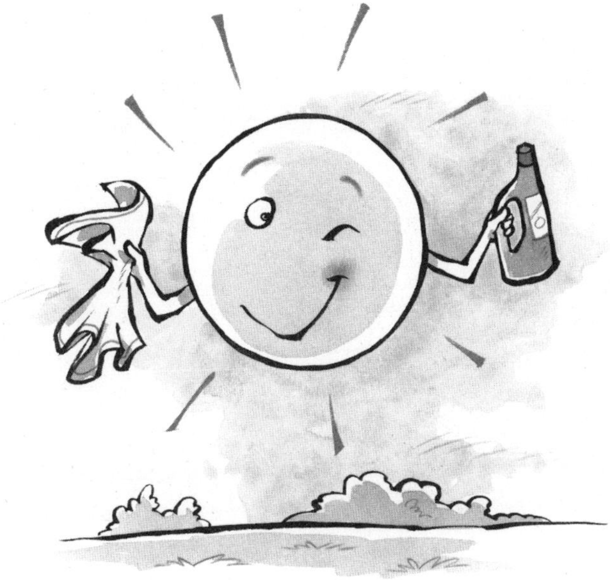

Fensterputzen

Zum Fensterputzen muss ich Ihnen auch noch was sagen. Man möchte ja die Hände über dem Kopf zusammenschlagen, wenn man sieht, wie die jungen Dinger heutzutage bestenfalls mal die Scheibe blank wischen, wenn die Mutti zu Besuch kommt! Ich sage immer, wer die Rahmen bei den Fenstern nicht mitputzt, wäscht sich auch nicht an Stellen, die man nicht sieht! Einfach liederlich. Nee. Ich sehe es doch bei der Berber im ersten Stock. Wenn es hochkommt, putzt die zweimal im Jahr die Fenster. Man darf da nichts erwarten, sie ist eben ein verkommenes Ding, und man möchte gar nicht so genau wissen, wie es bei der drinnen aussieht. Jedenfalls nicht genauer, als man durch den Türspion sieht.

Dabei ist Fensterputzen doch nun wirklich keine große Arbeit! Man macht sich ein kleines Eimerchen mit handwarmem Wasser und einem Schuss Haushaltsreiniger fertig. Gern gebe ich auch einen Spritzer Kölnisch Wasser dazu, ach, dann duftet es so herrlich im ganzen

Haus! Können Se aber auch weglassen, ich seh Sie doch, wie Sie schon wieder die Augen rollen.

DANN EBEN NICHT!

Die Fenster und die Rahmen werden nun kräftig abgerubbelt. Wenn der Dreck nicht beim ersten Wisch weggeht, lassen Se ihn ruhig ein bisschen einweichen. Wenn man sehr lange Zeit schluderig war, muss man eben erst mal wieder Grund reinbringen, das ist ganz normal und erfordert etwas Geduld.

Wenn man den Dreck richtig runter hat und das Fenster reine ist, sprüht man die Scheibe mit ganz wenig Glasreiniger ein und poliert alles mit zerknülltem Zeitungspapier. Aber es muss unbedingt richtiges Zeitungspapier sein, nicht so buntes Zeug von den Werbeblättchen. Nee, mit richtigem Zeitungspapier kriegen Se jede Scheibe blitzeblank, und wenn man dranbleibt und jede Woche – na, ich will mal nicht so streng sein, sagen wir, jede zweite Woche – putzt, dann ist es wirklich keine Mühe und geht einem locker von der Hand. Durch eine blanke Scheibe sieht man auch etwas von der Nachbarschaft und bleibt auf dem Laufenden. Da dürfen Se mich nicht «neugierig» nennen, man muss doch wissen, mit wem man es zu tun hat, wenn man unter einem Dach lebt. Von selber erzählen se einem ja nichts, da muss ich eben die Augen offen halten. Und letztlich sind geputzte Scheiben auch die Visitenkarte einer guten Hausfrau. Es ist so schade, dass meine Scheiben im zweiten Stock von der Straße aus nicht so gut zu sehen sind. Die blitzen, dass es eine Freude ist!

Und kommen Se mir nicht mit «Sonnenschlieren»! Eine gute Hausfrau putzt morgens, bevor die Sonne aufgeht, dann hat man auch keine Probleme mit Schlieren!

Staubsauger

Wie oft kommt es vor, dass einem ein klitzekleines Teilchen runterfällt. Sei es die Schraube von den guten Ohrringen, ein hübscher Knopf oder der Fingerhut. Dann finden Se das mal wieder! Auf dem Teppich sieht man es nicht, oder es rollt unter den Schrank ... was für ein böses Ende das nehmen kann, sieht man an Gunter Herbst. Gertrud hat eine Nähnadel fallen lassen und nicht gleich wiedergefunden. Es kam, wie es kommen musste – Gunter ist reingetreten. Was rennt er auch immer ohne Latschen rum! Er schleppt einem bloß den Fußpilz in die Auslegeware ... aber das ist Gertruds Problem, darum geht es hier nicht. Die Nadel war auf jeden Fall wieder da, sie steckte in Gunters Zeh. Gertruds Freude währte allerdings nicht lange, denn Gunters Zeh entzündete sich, und er machte ein Geschrei, Sie haben ja kein Bild! Wenn Männer ein Wehwehchen haben, hören Se mir auf.

Wenn mir was runterfällt, ziehe ich immer eine alte Strumpfhose über das Rohr vom Staubsauger und sauge so lange gründlich durch, bis ich die Perle oder die Nadel gefunden habe. Sie hängt dann vorm Sauger in der Strumpfhose, und man muss sich weder bücken noch ängstlich über den Boden kriechen. Aber Hausschuhe ziehen Se sich bitte trotzdem immer an, alles andere ist einfach liederlich.

Große Wäsche

«Große Wäsche» macht heutzutage ja kaum noch jemand, glaube ich. Die jungen Leute haben die Waschmaschine in der Badestube oder in der Küche, und wenn der Wäschekorb voll ist, wird der Apparat angestellt. Ich finde das auch viel hygienischer. Wissen Se, wenn schmutzige Wäsche so lange liegt, na, die riecht doch nicht besser im Laufe der Zeit! Früher war nur alle vier Wochen «große Wäsche» dran. Man musste in der Waschküche den Waschkessel anheizen, mit Holz und Kohle, denken Se sich das! Wenn das Wasser siedend heiß war, kam die Wäsche rein. Erst die helle und dann immer weiter zum Dunklen und Dreckigen hin. Wie beim Abwaschen mit dem Geschirr, da fängt man ja auch mit den Gläsern an und schrubbt am Ende die Pfannen.

So wie Sie jetzt gucken, ahne ich schon, dass Se nich mal das wussten … Herrje! Wo war ich? Ach ja, in der Waschküche. Wenn die Wäsche endlich fertig war am Ende des langen Arbeitstages einer Hausfrau, wurde das letzte Spülwasser nicht etwa weggekippt, sondern noch mal warm gemacht. Darin wurde gebadet, nachdem es in die Zinkwanne geschöpft worden war. Samstag war nämlich nicht nur Waschtag, sondern auch Badetag. Erst kam Kirsten dran, dann ich und zum Schluss der Wilhelm. Oder der Franz. Wie sie eben alle hießen, meine holden Gatten.

Wenn ich mir nun ansehe, wie die jungen Dinger heute waschen, schüttelt es mich. Alles wird nur so durchgespült bei 40 Grad, und dann wundern se sich, dass sie Pilze haben. Fürchterlich!

Die machen es einem aber auch nicht leicht von der Industrie. Gucken Se bloß nicht auf die Schnippel in der Wäsche! Es ist nicht zu glauben, was da für ein Blödsinn drinsteht. Die Zehn Gebote haben 279 Worte, die Unabhängigkeitserklärung vom Ami hat 300 Worte, und bei der Waschanleitung für einen Schal von H&M habe ich bei 600 Worten die Lesebrille weggelegt und aufgehört zu zählen. Die sind doch alle bekloppt! Und dann sollen se extra Waschmittel kaufen für Wolle, für Weißes, für Schwarzes, für Niethosen, für Sporthosen, für Seide und ach, was weiß ich nicht noch alles. Lassen Se sich nicht ins Bockshorn jagen und unnütz Geld aus der Tasche ziehen, sondern hören Sie nur gut zu:

Buntes wasche ich bei 40 Grad, Weißes, Bettwäsche und Handtücher bei 60 Grad und einmal im Monat bei 90 Grad. Dann mache ich richtige Kochwäsche, damit die Maschine mal durchgespült wird und sich keine Keime festsetzen. Ich sage immer: «Wenn schon Maschinenwäsche, dann ab und an auch Kochprogramm.» Am liebsten hätte ich ja eine Waschküche mit Kessel und Zuber, aber finden Se mal in Berlin eine Wohnung, die so was noch hat. Gibt es alles nicht mehr. Ach ja.

Nee, ich kaufe keine zig verschiedenen Waschpulver. Eins für Buntes, eins für Weißes und dazu einen fein duftenden Weichspüler. Mehr braucht kein Mensch! Und wenn Se mal was ganz Empfindliches haben oder sich unsicher sind, dann bringen Se es in die Reinigung, so wie ich mein reinseidenes Schwarzes, das ich zu Trauerfeiern anziehe. Da sage ich den Fräuleins bei der Wäscheannahme immer ganz genau, wie sie es behandeln sollen – mit fettfreien Fingern, höchstens bei 30 Grad, nicht knittern! Man sollte zwar annehmen, die sind vom Fach und kennen sich aus, aber wenn ich schon sehe, wie die mein Kleid anlangen, würde ich es am liebsten wieder mitnehmen.

Bügeln

Es ist eine Schande, wenn man sieht, wie viele Leute ihre Wäsche nicht ordentlich plätten. Das ist doch lotterig! Soll mir keiner kommen, dass er nicht bügeln kann. Das ist reine Faulheit, da lasse ich keine Ausrede gelten. Schließlich ist es nicht mehr wie früher, als die Plätteisen noch aus Eisen waren und sehr schwer. Sie wurden mit Glut gefüllt. Nee, das war kein Vergnügen! Oma Strelemann hat noch so geplättet. Opa musste immer dabei sein und ihr frische Gut nachlegen, hören Se mir auf. Das war eine schwere Arbeit, da ging der ganze Abend drauf, und am Ende roch es in der Küche immer verschmort. Einmal hat Oma Strelemann nicht aufgepasst beim Plätten, und zack – hatte Opas guter Anzug am Hintern ein Loch, so groß wie zwei Handteller, denken Se sich das! Und das in der schweren Zeit, als er nur den einen Anzug hatte! Zum Glück hat er ihn nur noch einmal gebraucht und musste nicht mehr als Gast auf eine Beerdigung, sondern als Hauptperson. Er lag ja auf dem Rücken im Sarg, da hat keiner was gemerkt. Oma hat – trotz der Trauer – erleichtert aufgeatmet, als Opa unter der Erde war.

Mit den elektrischen Bügeleisen heute geht es doch wie von selbst. Ich stelle es immer auf mittlere Hitze, damit kriegen Se alles glatt, ganz egal, was im Schnippel steht, der am Hals immer so kratzt. Geben Se ordentlich Dampf dazu, und es geht locker von der Hand. Ich bügele gern beim Fernsehen. Noch ehe meine Serie rum ist, ist der Waschkorb leer. Das geht wie von selbst. Eine Folge vom Schungelkemp geht an die zwei Stunden, sagte mir Erwin Beusel unlängst (der Schlingel wollte das mit mir ansehen, damit er länger bleiben kann), also reden Se sich bloß nicht raus!

Früchte nachreifen

Kiwis und Pfirsiche sind oft steinhart, wenn man sie kauft. Die brauchen Wochen, bis sie endlich weich sind. Manchmal hat man sie schon vergessen, und sie fallen einem erst wieder in die Hände, wenn sie verfault oder schimmelig sind.

Aber da habe ich auch einen kleinen Tipp für Sie: Legen Se die Kiwis oder die Pfirsiche zusammen mit einem Apfel in die Obstschale. Sie reifen dann ruck, zuck und werden schön weich und saftig. Haarig wird es natürlich, wenn Kirsten kurzfristig kommt. Gerade im Sommer greife ich dann lieber auf heimisches Obst zurück.

Brot

Brot bewahre ich in einem Steintopf mit Deckel auf. Da lagert es trocken, kühl und dunkel und bleibt lange frisch. Als alleinstehende Person reiche ich meist die ganze Woche mit einem halben Brot hin. Es tut mir in der Seele weh, wenn ich sehe, dass die Nachbarn Brot einfach wegschmeißen! Nee, das bringe ich nicht übers Herz. Wir haben in den schweren Jahren nach dem

Krieg ... aber ich will Sie nicht langweilen. Das Brot lege ich mit der Schnittstelle nach unten und decke den Steintopf immer gut ab, sodass es bis zur letzten Scheibe saftig ist. Ganz frisch esse ich Brot nicht gerne, wenn ich ehrlich bin. Dann ist die Kruste immer so fest. Ein, zwei Tage im Steintopf machen es viel weicher und butterzart. Wissen Se, wenn man getrennt von seinen Zähnen schläft, dann hat man es lieber nicht so knusprig. Ist wirklich nur noch der Kanten übrig, gehe ich gern mit Frau Stoberbrink in den Park und füttere die Enten. Frau Stoberbrink traut sich allein nicht mehr raus, sie ist schon ein bisschen wackelig unterwegs. Mir tun frische Luft und ein bisschen Bewegung genauso gut, und die Enten freuen sich. Wir müssen nur Obacht geben, dass uns der Mann vom Ordnungsamt nicht erwischt. Enten füttern ist im Grunde nicht verboten, aber man darf sie vor Sankt Martin nicht einfangen und ... küchenfertig machen, da haben die sich ziemlich kiebig. Wenn der uns im Sommer beim Füttern sieht, hat er uns schon auf dem Kieker, ich kenne den doch! Die stellen sich aber auch an. Im Tierheim geben se in den Wochen vor dem Fest auch keine Kaninchen mehr raus, jedenfalls nicht, wenn man nach dem Schlachtgewicht fragt.

Egal. Auf jeden Fall freuen sich die Enten über das Brot, und es verkommt nicht.

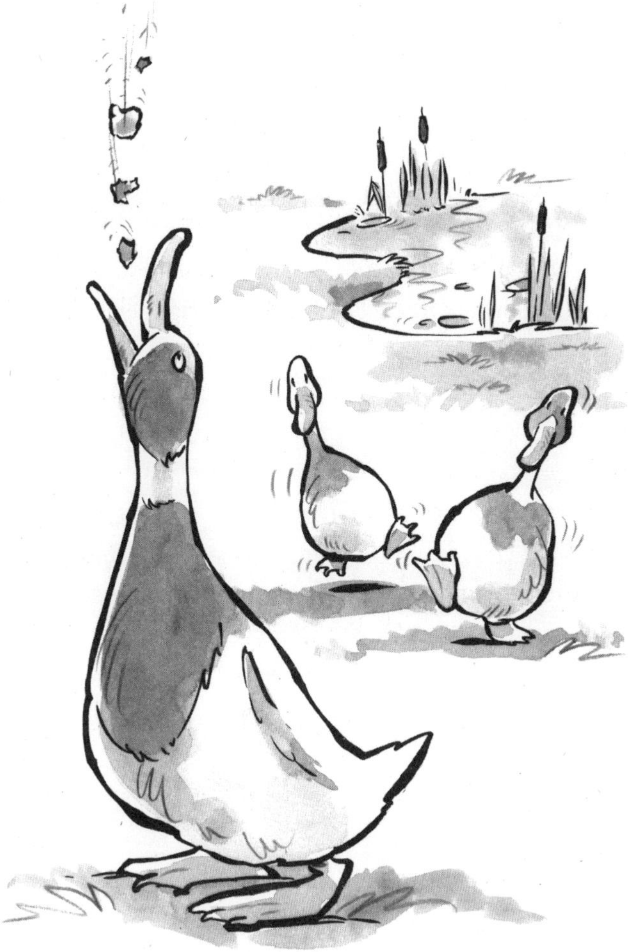

Vasen reinigen

Ein schöner Blumenstrauß ist was Feines. Ach, ich schneide die Stiele alle zwei Tage neu an und gebe frisches Wasser – so hält sich das Gebinde bald zwei Wochen, das habe ich Ihnen ja nun schon gesagt. Aber die Vase hinterher sauber zu kriegen, ist immer ein Problem, gerade wenn die Öffnung so schmal ist, dass man mit der Hand nicht ganz reinkommt. Aber auch da hat Renate Bergmann ihre Tricks: Ich werfe eine Tablette Gebissreiniger rein und gieße mit heißem Wasser auf. Der Billige reicht völlig hin, geben Se bloß nicht zu viel Geld aus. Das Ganze lasse ich über Nacht stehen, und am nächsten Morgen ist die Vase wieder blitzeblank. Im Grunde würde wohl auch eine halbe Tablette hinreichen, aber was macht man denn mit der anderen halben? Die liegt einem nur im Schrank rum und bröselt vor sich hin. Für die Zähne reicht eine halbe leider nicht. Bei Ilse und Kurt schon, die machen immer beide Gebisse in ein Schälchen und dann ihre Sprudeltablette drauf, aber das wäre mir nichts. Ich habe mit keinem meiner Männer je das Zahnglas geteilt, und das käme mir auch jetzt nicht in den Sinn!

Obstsalat

Jeden Sommer gibt es auf unserem Hof ein Grillfest der Hausgemeinschaft. Herr Berger schmeißt den Grill an, die Berber macht Nudelsalat – das ist das Einzige, was die kann; sie rührt Mayonnaise unter übrig gebliebene Nudeln und macht eine Büchse Dosenmais dran – und Frau Meiser bringt ihr Schattnie mit. Die kocht Marmelade aus Paprika, denken Se sich das. Es brennt wie Feuer, und zwar nicht nur beim Essen, sondern man hat auch einen Tag später noch mal was davon. Unmöglich, ich esse das nie wieder! Sie verschenkt das auch immer in kleinen Gläschen, wenn man ihr einen Gefallen getan oder sie ein schlechtes Gewissen hat. Sie bindet Schleifen drum und tut so, als würde se einem eine Niere spenden; erwartet, dass man sich freut und sie lobt. Aber nicht mal der Kater frisst den Schattnie. Gewürgt hat das arme Mohrle und sich unter die Couch verkrochen! Dieses Rezept jedenfalls schreibe ich Ihnen nicht ins Buch; machen Se, wenn Sie unbedingt wollen, den Nudelsalat von der Meiser nach. Aber empfehlen kann ich ihn nicht!

Aber ich habe mir überlegt, dass ich auch mal was Modernes mache. Alle erwarten ja von mir immer «Alte-Tanten-Essen», ich weiß es doch genau! Ich bin etwas geheingeschränkt wegen der Hüfte, aber die Ohren funktionieren noch. Ja, und da dachte ich mir, ich überrasche sie mal, und habe etwas ganz Leichtes und Frisches gemacht: einen Obstsalat.

Dazu habe ich eine halbe Melone ohne Kerne (wissen Se, das gönne ich mir gerne, auch wenn es so etwas teurer ist. Aber mit den Kernen hätte ich in der Prothese bis in den Herbst hinein zu tun) gekauft und mit einem kleinen Kugelausstecher vom Ikea, wo Kurt so prima parken kann und wo der Kaffee umsonst ist – fahren Se da nie ohne Thermoskanne hin! –, ausgehöhlt. Die Kugeln vom Melonenfleisch habe ich mit ein bisschen Honig und gefrorenen Beeren gemischt. Johannisbeeren, Heidelbeeren, Brombeeren ... was man halt so hat. Das habe ich in die leere Melonenschale eingefüllt und alles mit ein paar Minzblättern hübsch garniert. Gestaunt haben se alle, sage ich Ihnen! Es sah nicht nur wunderhübsch aus, sondern war auch herrlich erfrischend. Nach dem meiserschen Schattnie und dem Mayonnaisesalat von der Berber stürzten sich alle mit Wonne auf meine Melonenschüssel. Machen Se das gern mal nach, Ihre Gäste werden begeistert sein! Wie im Urlaub haben wir uns gefühlt!

Herrje, jetzt schreibe ich die ganze Zeit von süßem Schlabberkram. Aber zu Gegrilltem passt es auch ganz hervorragend.

Selbst eingelegte saure Gurken

Bei gekauftem Zeug weiß man doch nie, was drin ist. Egal was für ein Glas oder Tütchen Se in die Hand nehmen – hintendrauf bei den Zutaten stehen Sachen, die man nicht aussprechen kann, und Nummern, die mit E anfangen. Alles Chemie, pfui Deibel. Das muss doch nicht sein! Es geht auch ohne die Vitamine B, A, S und F, wie Stefan immer sagt. Gekaufte Gurken kommen mir zum Beispiel nicht auf den Tisch, die esse ich nur selbstgemacht. Dafür braucht man einen Steintopf mit Deckel. Ich sage das gleich zu Beginn, ohne den Steintopf brauchen Se gar nicht anzufangen! Die Gurken müssen nämlich luftdicht durchziehen, sonst schimmeln sie.

So ein Steintopf hat oben einen Rand, in den man abgekochtes Wasser gießt und in den der Tondeckel gesetzt wird, damit er tüchtig fest schließt. So ist sichergestellt, dass die Gurken licht- und luftgeschützt sind.

Man verwendet dafür kleine Einlegegurken. Sie werden über Nacht gewässert und mit einer recht festen Handbürste kräftig geschrubbt. So holt man den Gartendreck und die Borsten runter, es ist doch nicht schön, wenn man stacheligen Belag im Mund hat beim Essen, der am Ende noch in die gute Serviette muss. Nee!

Man braucht

```
etwa 5 kg Gurken
1/2 Liter Essig, 10%ig
150 Gramm Salz
  1 Handvoll frischen Dill
2-3 Weinblätter
  5 Liter abgekochtes Wasser
```

Die Gurken legt man in den Steintopf, schön ordentlich und dicht aneinander, sonst passen sie nicht rein. Den Dill und die Weinblätter packen Se mitten rein, nicht obenauf. Sonst zieht das Aroma nicht richtig durch. Das Salz und den Essig geben Se in das Wasser und füllen damit auf, bis alles gut abgedeckt ist. Mit dem Deckel wie beschrieben verschließen und mindestens eine Woche gut ziehen lassen. Dann müssen die Gurken innerhalb von zwei Wochen gegessen werden, sonst werden sie zu weich und schmecken nicht mehr. Sie passen prima zu Gegrilltem und sind im Sommer ein erfrischender Schmaus.

Milchkarton

Mit der Milch ist das so eine Sache. Am liebsten kaufe ich sie in der Glasflasche. Pappkartons finde ich unhygienisch. Dieses Geplemper immer – man kann ja den Ausguss nicht richtig aufkriegen, ohne die halbe Küche einzusauen! Außerdem sieht man nie, wie viel noch drin ist. Flaschen sind viel vernünftiger, auch wegen der Umwelt, sagt Ariane. Aber manchmal hat der Kaufmann oder der REWE keine Flaschen da, und was bleibt einem dann übrig, als den Karton zu nehmen?

Wussten Sie, dass es weniger Sauerei macht, wenn man beim Eingießen die Öffnung nach oben dreht und nicht nach unten? Es kommt so besser Luft in den Karton, und es macht nicht so einen großen Blupp, den Se dann vom Tisch wischen müssen. Probieren Se das mal aus!

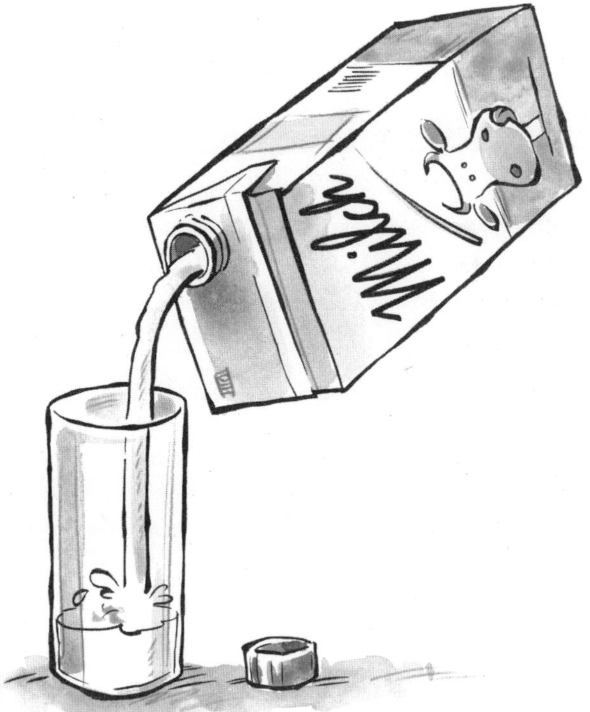
Milch

Eiswürfel

Man soll ja viel trinken, nicht nur als älterer Mensch. Das sagt sogar die Frau Berben. Die sagt, jeden Tag vier Liter Wasser trinken und einen Baum umarmen erspart einem das Liften. Nun ja. Wenn se meint, dass wir ihr das glauben ... Kirsten knuddelt mit ihrer Frauengruppe den lieben langen Tag lang Eichen und Linden und hat trotzdem mehr Falten als Frau Berben! Vielleicht trinkt sie nicht genug? Aber auf jeden Fall ist es gesund. Ich habe immer eine Flasche Wasser in der Schlafstube, in der Küche und auch im Wohnzimmer stehen. Im Sommer gebe ich gern gefrorene Früchte als Eiswürfel hinzu. Das sieht sehr nett aus! Ilse und Kurt haben einen großen Garten, da darf ich mich bevorraten mit allem, was Ilse nicht zu Mehrfruchtmarmelade verkocht. Denn nach 80 Gläsern hat selbst Ilse genug, und ab dann sind die Sträucher zum Naschen freigegeben. Da froste ich gern Erdbeeren, Himbeeren oder auch Kirschen ein und nehme die als Eiswürfel. Wenn man mal eine Weinschorle trinkt in Gesellschaft ~~von Erwin Beus~~ am Abend, was meinen Se, wie hübsch sich da gerade gefrorene Trauben machen! Es staunen immer alle und sind ganz begeistert. Ja, es sind die kleinen Tricks, die eine gute Hausfrau und Gastgeberin ausmachen!

Knitterfreie Kragen

Wenn man verreist ist und Blusen – oder die Herren eben Hemden – im Koffer hat, dann knittern die oft ganz fürchterlich. Da kann man noch so gut packen und noch so vorsichtig sein, das bleibt gar nicht aus. Aber auch da hat Renate Bergmann einen Kniff: Rollen Se einen Gürtel zusammen und legen Se den so in den Kragenausschnitt, dass er von innen stützt. So kommen Sie vielleicht nicht faltenfrei ans Ziel, aber doch wenigstens Ihre Bluse oder das Hemd. Und wenn der Kragen doch verknittert ist und Sie kein Reisebügeleisen mitführen wollen – die jungen Damen haben ja heute fast alle ein Glätteisen, mit dem sie sich die Locken glattbrennen. Herrje, unsereins bezahlt einen Haufen Geld beim Friseur, damit er Dauerwelle kriegt (schon meine Mutter, die Frau Strelemann, hat ja immer gesagt: «Mach Locken, sonst bleibst du hocken!») – und die jungen Dinger bügeln sich die Haare glatt. Nee, man kann nur den Kopf schütteln, aber so ist die Jugend eben. Jeder will immer das, was er nicht hat. Aber mit dem Glätteisen kriegen Se auch wunderbar den Kragen wieder glatt. Probieren Se das mal!

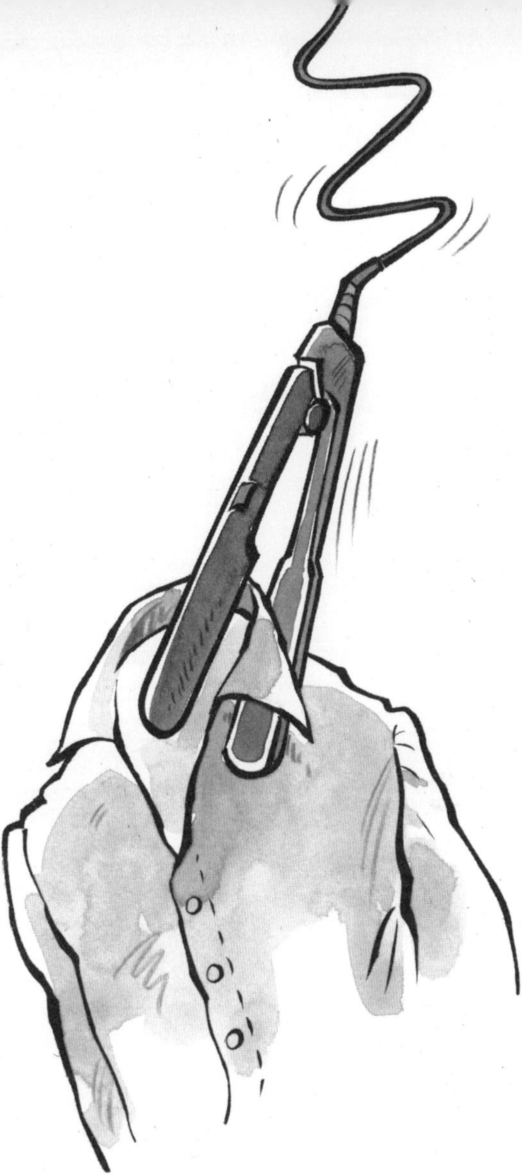

Tütenspender

Die leeren Kartons von Papiertaschentüchern hebe ich auf und verwende sie als Tütenspender. Man schont ja die Umwelt, wo man kann. Viel zu viel wird weggeschmissen! Nicht nur, dass die Fische von der Plaste Wanstdremmeln kriegen … aber das wissen Se ja alles. Sie sind ja nicht von Gestern. Huch, jetzt habe ich gestern großgeschrieben, aber das lassen wir so. Ich müsste ja die halbe Zeile wieder löschen, und das, wo ich es so mit der Gicht habe in den Fingern … aber wo war ich? Ja, bei den Plastetüten. Ich knülle die zusammen und verwende eine leere Spenderbox, um die Tüten darin aufzubewahren. Bloß weil da schon mal ein Blumenkohl drin war, muss man sie nicht wegschmeißen. Die kann man gut noch mal als Müllbeutel nehmen. Nach Möglichkeit nehme ich die beim Einkaufen natürlich gar nicht erst mit, sondern packe alles in meinen Korb, aber manchmal kann man es nicht vermeiden. Dann ist Wiederverwenden immer noch besser als Wegschmeißen!

Händi laden im Hotel

Wo wir gerade schon beim Verreisen sind, habe ich noch einen Tipp fürs Hotel. Heute geht ja keiner mehr ohne Händitelefon aus dem Haus. Ich auch nicht, das gebe ich ganz ehrlich zu. Man findet sich einfach viel besser zurecht und kann immer alles nachgucken, was man gerade wissen muss. Das ist schon praktisch. Man darf nur niemals das Ladekabel vergessen! Sie wissen ja bestimmt selbst, wie schnell die Batterie immer runter ist! Ich habe schon mal in einem Einkaufsmarkt, den ich hier nicht näher benennen möchte, weil die Klage noch läuft, den Stecker von deren Gefriertruhe rausgezogen, damit ich nachladen ... Nun. Machen Se sich keine Gedanken, ich habe Rechtsschutz. Und man hätte den Fisch auch nicht wegschmeißen müssen, man hätte gut noch Fischsuppe daraus kochen können!

Nee, mit dem Ladekabel ist es so eine Sache. Einmal hatte ich das Kabel zwar mit, aber nicht den Stecker. Also das Klötzchen, das man in die Steckdose schiebt. «Netzteil», sagt Stefan. Der gute Junge, der hilft mir immer. Das war, als wir zur goldenen Hochzeit von Trachingers in der Sächsischen Schweiz waren, Ilse, Kurt und ich. Kurt ist dann mit mir im Koyota zwei Stunden durch die schöne Landschaft gefahren, weil man am Zigarettenanzünder auch laden kann, und dann ging es wieder. Aber jetzt habe ich rausgefunden, dass das Ladekabel auch an den Fernseher passt. Und ein Fernseher steht ja heutzutage in jedem Hotelzimmer. Also, wenn Se mal unterwegs sind und das Ladeklötzchen nicht dabeihaben, wissen Se jetzt Bescheid.

Koffer markieren

Ich reise sehr gern. Am liebsten mit dem Bus, aber gern auch mal mit dem Flugzeug oder sogar mit dem Dampfer. Wissen Se, ich bin 82 und noch gut beieinander. Wenn nicht jetzt, wann denn dann? Soll ich warten, bis die Knochen gar nicht mehr wollen? Nee, ich verreise, so oft ich kann.

Es ist bloß immer so schwer, seinen Koffer oder die Reisetasche wiederzufinden. Es haben ja beinahe alle schwarze Koffer! Was meinen Se, was immer los ist, wenn 60 Rentner aus dem Bus aussteigen und der Busfahrer dann das Gepäck auslädt. Ein Hauen und Stechen ist das! Einmal dachte ich: «Renate», dachte ich, «nimm einfach den Letzten, der ausgeladen wird, und lass die Ollen sich kloppen.» Es endete dann so, dass ich mit einem Männerschlafanzug, Rasierzeug und vier Büchsen Linsensuppe dastand. Fragen Se mich bitte nicht, was der Herr Knösebau mit den Linsen wollte, wir hatten doch Vollverpflegung und alle Stunde warme Würstchen im Bus! Es war jedenfalls eine große Aufregung und dauerte bald eine Stunde, bis ich meinen Koffer zurückhatte. Jetzt mache ich immer auffälliges buntes Schleifenband an mein Gepäck. So erkenne ich es sicher auf einen Blick.

Hoffentlich machen Se das jetzt nicht alle nach ... Wenn der Busfahrer das nächste Mal die Koffer auslädt und die ALLE aussehen wie das Reisegepäck einer Karnevalstruppe, dann weiß ja wieder keiner weiter ...

Kleinigkeiten unterwegs

Die Ladeschnur habe ich in einem Brillenetui sicher verpackt, wenn ich unterwegs bin. So habe ich sie immer griffbereit und mache nicht aus Versehen Knötchen rein. Ach, das ist wirklich fürchterlich, wenn man sie lose in der Handtasche hat – ständig verknüddelt die sich. Die Berber, meine fettleibige Nachbarin, sagt immer: «Kalorien sind kleine Tierchen, die nachts die Kleider enger nähen!» Dann kichert sie. Ich sage da nichts mehr, mich geht es nichts an. Aber ich weiß, was diese Kaloriendinger tagsüber machen – da machen die Knoten in die Kabel für die Händis! Nee, dem beuge ich vor, indem ich meine Schnüre in das Brillenetui lege. Sie wissen ja, wie das ist, wenn man die Lesebrille mal nicht einstecken hat – die borgt einem immer jemand. Aber eine Stromstrippe für das Telefon rückt keiner raus, weil es eben auch Unterschiede gibt bei den Wischgeräten. Wählscheibe haben se alle nicht, aber die mit der angebissenen Tomate hintendrauf haben einen anderen Stecker als die vom Japaner. Fragen Se mich nicht, es ist alles sehr kompliziert. Packen Se bloß Ihr eigenes Strippchen ein, dann haben Se keine Probleme.

Kabelaufbewahrung

Ach ja, diese Kabel. Haben Se auch überall Kabel rumliegen in den Schubladen? Es ist doch fürchterlich! Alles ist ja heute mit Strom, und überall sind Ladekabel und Strippen dazu. Der Händi hat einen, dann habe ich immer Reservekabel für den Videorekorder, den Drucker, das Haustelefon und so weiter liegen. Ich hatte eine ganze Schublade voll davon! Alles war durcheinander und verknotet, und ich wusste gar nicht, was wofür ist. Und wenn man mal eine Schnur brauchte, ging das Suchen los.

Jetzt habe ich mir einen Schuhkarton genommen und hochkant die Papprollen, die beim Toilettenpapier immer übrig bleiben, reingestellt. Auch die von der Küchenrolle, die schneidet man dann eben einmal durch und hat gleich zwei Rollen. In diese Rollen kann man prima die Kabel stecken und sogar ein Papierschildchen dranheften, auf dem man notiert, wofür das Kabel ist. So sieht man auf einen Blick, was man hat. Auch andere Kleinigkeiten kann man so sortieren und hat alles auf einen Griff bereit. Sogar meine Nachbarin, die liederliche Frau Berber, hat gesagt: «Frau Bergmann, das ist ja eine großartige Idee!», und hat ihre Strippenschlüpper darin den Farben nach geordnet. Sie müssen wissen, dass ihre Schlüpfer aus einem guten Meter Kordel und einem kleinen Wimpelchen bestehen. Aber bitte, soll se.

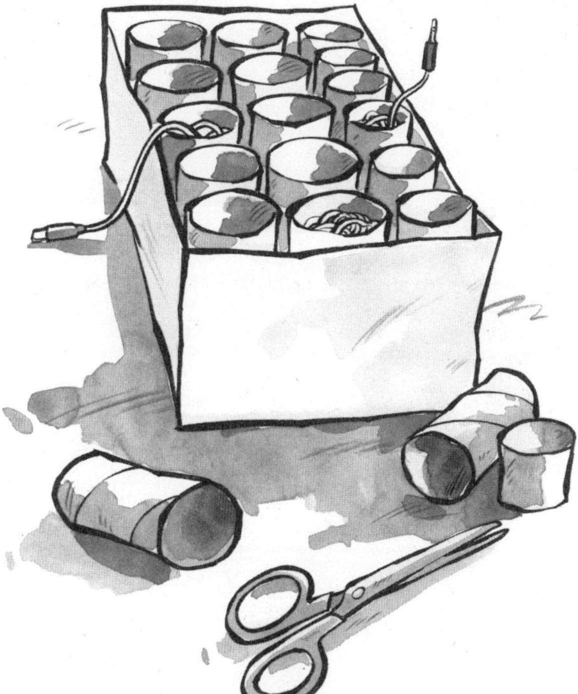

Quietschende Schubladen

Bei quietschenden Schubladen empfehle ich, die Schienen innen mit Seife auszureiben. Dann rutschen die viel geschmeidiger. Das mache ich auch, wenn ich mal in einem Hotel übernachte. Sie ahnen ja nicht, was es da für Mängel gibt, gerade was die Reinlichkeit und die Ordnung betrifft! So manchem Zimmermädchen habe ich bereits den Feinschliff in Hauswirtschaft verpasst, das kann ich Ihnen sagen. Oft hören die aber auch gar nicht hin und zeigen kein rechtes Interesse. Letzthin im Urlaub zum Beispiel, als ich dem Kindchen zeigen wollte, wie man die Scheuerleiste richtig schrubbt, blies sie nur die Backen auf und sagte, das würde sie «später noch machen». Mitnichten! Aber wenn sie nicht wollen – bitte. Ich dränge mein Wissen niemandem auf, ich biete es nur an. Die kleinen Seifenstücke im Hotel nehme ich jedenfalls nicht zum Waschen, sondern nutze sie dafür, deren Mobiliar quietschfrei zu schmieren. Kerzenwachs ginge auch, aber das kann unter Umständen Flecken machen. Außerdem hat Seife den Vorteil, dass die Schubladen auch gleich fein duften. Ach, wie früher, als wir noch ein paar Stückchen Lux-Seife zwischen die Leib- und Tischwäsche geschoben haben ... aber das wollte ich Ihnen eigentlich gar nicht aufschreiben. Ich weiß doch, wie Sie da kichern und denken: «Hihihi, die olle Tante.» Aber es riecht wirklich herrlich!

Fernbedienung

Wo wir schon beim Thema «Ordnung» sind, schreibe ich Ihnen gleich noch einen Tipp für die Fernbedienung auf. Ich glaube, die Fernbedienung heißt deshalb so, weil sie immer fern von dem Ort liegt, an dem man sie eigentlich gerade braucht. Suchen Sie auch immer danach? Fürchterlich, nich wahr? Mal rutscht sie in die Sesselritze, mal schüttelt man sie mit der Decke aus, und sie fliegt unter das Vertigo, und mal liegt der Kater drauf. Deshalb habe ich mir Klettband im Baumarkt gekauft. Eine Seite habe ich auf die Unterseite der Fernbedienung geklebt und die andere Seite an das Bein vom Couchtisch. So ist sie immer griffbereit und liegt nicht in der Obstschale zwischen den Apfelsinen rum. Wenn ich mich auf die Couch setze und mit einem RRRATSCH die Fernbedienung aus der Halterung löse, ach, da sollten Se mal sehen, wie der Kater die Ohren spitzt! Wenn der das Geräusch hört, ist er mit zwei Sätzen neben mir und will gekrault werden. RATSCH!

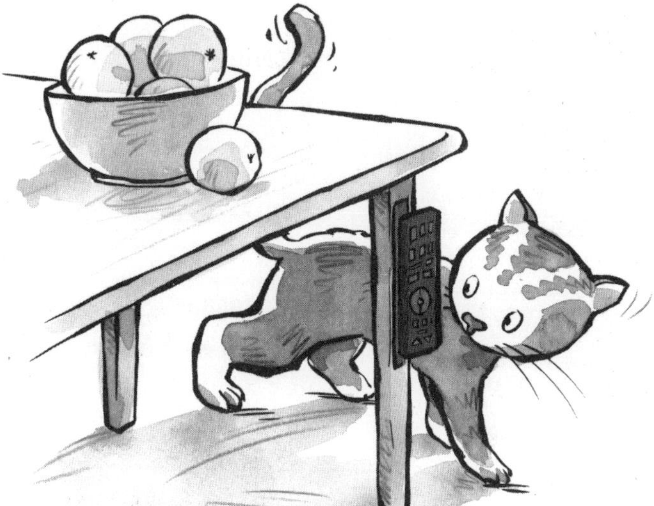

Hartfolienverpackung

Letzthin habe ich eine neue Fernbedienung gebraucht. Wissen Se, Stefan hatte mir auf meinem alten Schaltknochen alles «Unwichtige» mit Klebeband abgedeckt, damit ich nicht aus Versehen etwas verstelle, und dazu noch gesagt: «Damit du auch wirklich die Finger davon lässt, klebe ich es dir ab.» Unverschämtheit! «Unwichtig!» ... Was der Bengel schon weiß! Ich konnte nur umschalten und laut und leiser drücken, aber kein Videoweb mehr gucken. Tafel 150, wissen Se, wenn ein Film mit so Nuschelköppen wie dem Herrn Schweiger läuft, schalte ich das gern zu und kann dann seinen Text mitlesen. Ging alles nicht wegen Stefan! Also bin ich los und habe mir eine neue gekauft. Die war eingeschweißt in ganz feste Plaste, so groß wie ein Buch. Ich habe es nicht mit dem Messer und nicht mit der Schere aufbekommen. Wissen Se, als alter Mensch hat man auch nicht mehr so viel Kraft in den Händen! Ich weiß nicht, was die sich dabei denken. Eine Frechheit ist das! Aber man muss sich zu helfen wissen, und eine Renate Bergmann ist nicht von gestern, sondern auf Zack. Ich habe also den Büchsenöffner geholt und was meinen Se, wie fein das ging! Ruck, zuck war die Fernbedienung aus der sperrigen Verpackung. Viel geholfen hat es nicht, denn das Ding funktionierte nicht, und ich musste Stefan anrufen.

Der kam dann – mit seiner großen Rolle Paketband. Ich konnte reden und reden, alles, was er sagte war «Unwichtig!».

Dann gucke ich eben keine Filme mehr mit dem Herrn Schweiger, obwohl der wirklich sehr nett anzusehen ist! Aber wissen Se, wenn ich es mir recht überlege: Dafür muss ich ihn ja auch nicht verstehen. Hihi.

Schokoladenkuchen

Das Rezept für Schokoladenkuchen habe ich vor Jahren mal im Fernsehen gesehen und backe ihn seitdem zu ganz vielen Gelegenheiten. Ich kann mich beim besten Willen nicht mehr darauf entsinnen, wo es war. Man musste einen frankierten Rückumschlag einsenden und bekam das Rezept zugeschickt. Ich habe es in meine Kladde übertragen. Die Seite hat schon ganz viele Fettflecken – das ist ein gutes Zeichen. Ich sage immer: «Wenn das Kochbuch aussieht wie geleckt, wird es wohl nicht benutzt, und dann taugt es auch nichts.» Meine Kladde sollten Se mal sehen! Die ist ganz bekleckert und die Seite mit dem Rezept für Schokoladenkuchen ganz besonders.

Zunächst gibt man

```
250 Gramm Butter
1/2 Tasse Wasser
  2 Tassen Zucker
  3 Esslöffel Kakaopulver
```

in einen Topf und kocht alles einmal auf. Den Topf von der Hitze nehmen und ein bisschen abkühlen lassen.

Derweil verrührt man

```
4 Eier
1 Päckchen Vanillezucker
1 Päckchen Backpulver
2 Tassen Mehl
```

tüchtig mit dem Schneebesen oder auch mit dem Mixer. Alsdann wird die Schokoladenmasse daruntergerührt. Den Teig gießt man wahlweise auf ein Blech oder in eine Springform oder auch in eine Königskuchenform, ganz nach Belieben. Er wird bei 170 Grad Umluft etwa 45 Minuten gebacken. Am Ende der Backzeit sticht man den Kuchen vorsichtig mit einem Holzstäbchen und prüft, ob er durch ist: Bleibt Teig am Stäbchen kleben, braucht er noch ein bisschen, ist das Holz trocken, ist der Kuchen durch.

Man lässt ihn abkühlen und übergießt ihn mit Kuvertüre nach Wahl – Vollmilch, Zartbitter oder auch weiße Schokolade, ganz nach Geschmack. Wenn Se ihn in der Königskuchenform gemacht haben, müssen Se ihn natürlich vorher stürzen. Er wird immer gern gegessen und ist beliebt bei Alt und Jung.

Schokolade isst schließlich jeder gern!

Korkenzieher

Letzthin saßen wir bei Gläsers zusammen und haben die schöne Musiksendung im Fernsehen angeschaut. So was kommt ja immer seltener, die zeigen nur noch Schießfilme. Jeden Abend Mord und Totschlag, wohin man schaltet. Ach, hören Se mir auf. Deshalb muss man das ausnutzen, wenn mal was Schönes kommt. Die Sendung war wirklich prima, fast wie früher «Zum Blauen Bock» mit Heinz Schenk. Ach, was haben wir geschunkelt! Wir waren so guter Stimmung, dass Ilse gegen neun zu Kurt sagte, dass er die Weinflasche aus dem Keller holen soll, die sie seinerzeit beim Kauf des Koyotas vom Autohaus geschenkt bekommen haben, denken Sie nur! Das ist nun auch schon wieder vier Jahre her. Kinder, wie die Zeit vergeht! Von uns trinkt ja sonst keiner Alkohol. Lachen Se nicht, Korn zählt nicht, Korn ist Medizin! Und Silvester gibt es Bowle oder ein Gläschen Sekt zum Anstoßen, aber doch keinen Wein! Jedenfalls hatten Gläsers keinen Korkenzieher im Haus, Ilse hat alle Schubladen durchwühlt. Bestimmt hat der Enkel den gemopst, die jungen Bengels trinken doch heimlich mit den Kumpels. Beim Nachbarn wollten wir auch nicht klingeln, wissen Se, es ging schon auf neun, und man will auf die Leute ja nicht trunksüchtig wirken. Kurt ist dann in die Werkstatt gegangen und kam mit einer großen Schraube, einem Schraubendreher und einer Zange wieder. Er hat die Schraube so weit reingedreht, dass er den Kopf noch mit der Kneifzange fassen konnte, und hat sie mit einem «PLOPP» nebst Korken rausgezogen. Ja, unser Kurt! Ein ganz Geschickter ist das! Ilse hat stolz geguckt, und wir haben uns zugeprostet und weitergeschaut. Der Wein war ziemlich sauer, aber mit ein paar Dosenmandarinen drin ging es gut.

Wir sind alle keine großen Weintrinker, deshalb stand die Flasche auch so lange. Aber zu Fisch schmeckt ein Weißwein ganz gut, sagt man. Unter der Woche zum Mittag kommt das nicht in Frage, wissen Se, die Leute gucken mich ja schon komisch an, wenn ich aus therapeutischen Gründen meinen Korn trinke. Da werde ich nicht noch Wein trinken, so weit kommt es noch! Aber zu Räucherfisch, bei Gläsers im Garten, trinken wir auch mal einen leichten Weißwein.

Fisch räuchern

Fisch ist eine feine Sache. Gucken Se, es kommt nicht oft vor, dass Frau Doktor und der Herr Pfarrer zu den gleichen Dingen raten, aber am Freitag sind se sich beide einig: «Essen Sie Fisch», sagen se.

Ich finde, es muss nicht immer nur Kochfisch sein, den hat man doch ganz schnell über. Eine schöne geräucherte Forelle oder ein Stückchen Lachs, ach, das ist was Feines!
Es gibt zwei Möglichkeiten:

1. Räuchern in der Küche auf dem Herd
Dazu gibt man 2 cm dick Buchenspäne auf den Boden eines Bräters mit Deckel. Die hebt man entweder beim Holzsägen auf – wenn Kurt und Gunter Herbst wieder mal die Kreissäge anschmeißen, fällt ja immer was ab, aber wenn Se keinen Kurt haben, kriegen Se das Zeug auch im Handel; Baumärkte haben die und auch Fischhändler. Auf diesen Buchenschmok setzt man ein Gitter mit dem Räuchergut. Es können ganze Fische – natürlich ausgenommen, gewaschen und abgetupft! – sein oder auch Filets. Ich nehme gern Lachs oder auch Forelle. Würzen Se den Fisch nach Belieben mit Kräutern oder Pfeffer oder auch ein bisschen Schilli. Man kann ihn auch vorher marinieren, ganz nach Geschmack. Stellen Se den Bräter auf große Flamme und warten Se, bis die Späne ordentlich zu rauchen anfangen. Dann unbedingt den Deckel darauf lassen und nicht immerzu rein-

schmuhen, sonst stinkt Ihnen die ganze Küche. Kippen Se ruhig das Fenster ein bisschen an. (Und planen Sie für die Woche danach die Küchengardinen zur Wäsche ein.)

Wenn alles ordentlich raucht, lassen Se den Fisch 15 bis 20 Minuten garen. Ich wünsche guten Appetit!

2. Räuchern im Räucherofen

Ich bin auch ein großer Freund von der Räucherei im richtigen Räucherofen. Kurt macht das im Sommer, wenn sein Freund Albrecht Blusbart einen so großen Fang gemacht hat, dass seine Trude ihn damit vom Hof jagt. Der olle Blusbart hat ein Näschen für die richtigen Stellen und für Beißwetter, er bringt Aale, Forellen, Plötzen und ach, was weiß ich nicht alles für feine Fische an. Kurt darf nicht mehr mit zum Angeln, seit er damals den Graskarpfen am Haken hatte, der beinahe so groß wie Ilse war. Nur dass der im Gegensatz zu Ilse zappelte und Kurt ins Wasser zog. Eine schwere Sommergrippe hatte der arme Kerl, Ilse hat ihn die langen Unterhosen ausnahmsweise im Juli tragen lassen. Wochenlang geniest hat er, der arme Kurt. Nun lässt Ilse ihn nicht mehr mit zum Angeln, aber Albrecht Blusbart gibt gern ab.

Gläsers haben ihren alten Badeofen aus der Badestube nicht weggeschmissen, sondern zu einem Räucherofen umgebaut. Es funktioniert wunderbar! Man heizt ihn unten mit fein gespaltenem Buchenholz an, als würde man das Badewasser heiß machen wollen. Auf dem Boden des alten Wasserkessels liegen, wie im Bräter, Buchenspäne. Kurt hängt die Fische in den heißen Rauch, und dann sollten Se mal sehen, wie die Leute schnuppern! Die ganze Nachbarschaft kann es riechen und bekommt Appetit. Ehe man es sich versieht, hat man das Haus voll mit Besuch, der «zufällig gerade vorbeikam» und «nur mal gucken möchte, was da los ist». Ruck, zuck hat Ilse dann 30 Personen im Garten sitzen. Ach, es ist immer wie ein ungeplantes Sommerfest, wenn Kurt den Räucherofen anheizt! Ich mache eine große Schüssel von meinem Kartoffelsalat, Ilse spendiert eingelegte Gurken aus dem Steintopf, und dazu gibt es einen schönen frischen Weißwein, Bier und hinterher einen Korn. Fisch will schließlich schwimmen, nich wahr? Und auch, wenn man riecht, als hätte Kirsten einem mit ihren Räucherstäbchen die Schackren gereinigt – man hat keine Mücken um sich. Die Räucherfeste bei Gläsers sind in ganz Spandau beliebt!

Mücken

Gegen Mücken habe ich auch ein altes Hausmittel. Man schneidet eine Zitrone in zwei Hälften und spickt die Schnittstellen mit reichlich Nelken – was meinen Se, wie das die Viecher vertreibt! Auch ängstliche Wespen hat eine Renate Bergmann damit schon in die Flucht geschlagen. Hihi.

Schlüssel markieren

Herrje, überall hat man heutzutage diese Sicherheitsschlüssel! Gut und schön, das soll auch so sein. Ich habe 200 Folgen «Nepper, Schlepper, Bauernfänger» geguckt und weiß, dass man auf der Hut sein muss und Sicherheit wichtig ist! Aber das Schlimme ist, dass die Schlüssel dann alle gleich aussehen. Wie oft steht man da im Dunkeln, probiert an der eigenen Haustür vier oder fünf Schlüssel durch und kommt sich vor wie ein Einbrecher. Und gerade in der Urlaubszeit – man ist verreist, lässt den Nachbarn einen Schlüssel da wegen der Blumen und der Post –, da will man doch keine Umstände machen und sie noch lange suchen lassen. Das wäre mir unangenehm. Nee, nicht mit Renate Bergmann! Ich habe mir die Schlüsselgriffe mit Nagellack markieren lassen. Ariane – also die Frau vom Stefan – hat das Zeug in den wildesten Farben, Sie ahnen es nicht. Wie eine Rockerbraut läuft die rum, manchmal hat sie sogar schwarzen Lack auf den Fingern. SCHWARZ! Mutter hätte die Eisenfeile aus Opas Werkstatt geholt und mir den Dreck abgehobelt, sage ich Ihnen. Aber so sind se, die jungen Leute. Jedenfalls hat Ariane mir meine Schlüssel alle bunt bemalt: Der für die Haustür ist rot, der für die Wohnungstür lila und der für den Briefkasten blau. So bin ich ruck, zuck drin und muss nicht lange probieren, und wenn Gertrud oder Ariane meine Post aus dem Kasten holen, wissen sie gleich Bescheid.

Sie haben doch wohl nicht wirklich geglaubt, dass ich der Meiser oder der Berber meinen Schlüssel geben würde, oder? Nee! Das macht Gertrud, die muss sowieso Gassi mit Norbert. Und wenn ich mit ihr wegfahre, dann schaut Ariane nach dem Rechten. Ach, das Mädel macht mir so viel Freude! Letzthin hatte sie sogar einen Begrüßungskorn kalt gestellt!

Reis kochen

Du liebe Zeit, jetzt hätte ich fast was vergessen!

Vorhin habe ich gemeckert, dass die jungen Dinger nicht mal richtig Reis kochen können, und dann schreibe ich Ihnen nicht mal auf, wie das geht? Das muss ich aber schnell nachholen! Also, passen Se auf:

Man rechnet pro Person eine halbe Tasse Reis und eine Tasse Wasser. Dazu kommt eine Prise Salz. Lassen Se das einmal kräftig aufkochen und stellen Se den Herd sofort aus. Lassen Se den Reis auf der Kochstelle abgedeckt 20 Minuten ziehen, alsdann ist er gar und servierbereit. Das ist so einfach, das hat sich sogar Ariane gemerkt und kauft nicht mehr den fertigen Reis im Tütchen. Das Mädel ist nämlich blickig und hat gemerkt, dass das Geldschneiderei ist. «Das kostest ja nicht mal ein Zehntel, wenn man den Reis selbst kocht, Tante Renate», hat se gesagt.

Es hat ein bisschen gedauert, aber nun weiß sie es.

Nudeln

Wissen Se, die Leute sagen immer zu mir: «Mensch, Renate, du bist so eine prima Köchin, du kannst mir doch bestimmt einen Tipp geben – wie viel Nudeln muss man denn pro Person rechnen?»

Da komme ich dann ins Schlingern. Ich muss zugeben, dass ich Ihnen das beim besten Willen nicht sagen kann. Ich habe da noch nicht das richtige Maß gefunden, obwohl meine Zeit auf der Bräuteschule über 60 Jahre her ist und auch das Leben eine gute Schule ... na ja, lassen wir das! Oma Strelemann, von der ich zuerst kochen gelernt habe, hat immer gesagt: «Von Nudeln kriegt man Würmer im Bauch, so was essen wir nicht. Basta.» Tja, da konnte man nichts machen. Sie sagte Basta statt Pasta. Später habe ich mal irgendwo gelesen, dass eine Portion Spaghetti so viel ist, wie man mit Daumen und Zeigefinger umfassen kann. Aber da ich eine Frau bin, die tüchtig zupacken kann und auch große Hände hat, wird das immer viel zu viel. Ich habe auch einen Nudelschöpfer, der oben im Griff ein Loch hat. Was durch das Loch geht, das soll eine Portion sein. Das sieht aber immer so wenig aus, und ich nehme doch mehr ... aber dann quillt es im Topf, und es bleibt wieder was übrig. Nee, ich will ehrlich zu Ihnen sein – bei Nudeln muss ich passen. Da finde ich nie das richtige Maß! Wenn

Sie da einen Tipp für mich haben, nur zu! Eine Renate Bergmann hört sich gerne alles geduldig an und probiert es aus.

Arianes Käsekuchen

Jetzt schreibe ich Ihnen mal ein modernes Rezept auf, das ich von Ariane gelernt habe. Da gucken Se, nicht wahr? Ich muss sagen, das Mädel hat sich prima entwickelt in den letzten Monaten. Eine feine Hausfrau ist sie geworden, sie hat alles im Griff, und nun ist es sogar schon so weit, dass ich sie nach Kuchenrezepten gefragt habe, denken Se sich nur! Sie hat einen Käsekuchen gezaubert, nach dem ich mir alle zehn Finger geleckt habe. Er war nicht verbrannt, nicht versalzen, nicht klietschig, und es war nicht mal Eierschale drin, die unter der Prothese gedrückt hätte. Ich habe fast geweint vor Glück! Und es ist nun wirklich nicht so, dass ich nur Alte-Tanten-Kuchen mache – eine Renate Bergmann ist immer für Neues und Modernes bereit. Ich habe schließlich auch von Schwarzweiß auf Buntfernsehen umgestellt, obwohl der alte Apparat noch gut war, da kann ich auch ein modernes Rezept von Ariane backen, nich wahr?

Man benötigt

```
40 schwarze Kekse (ich glaube,
    «Orion» sagt Ariane immer)
 4 Esslöffel zerlassene Butter
900 Gramm Frischkäse
```

200 Gramm Zucker
2 Esslöffel Mehl
4 Eier
2 Eigelb
50 ml Sahne
1 Päckchen Vanillezucker

Die Kekse werden fein zerbröselt. Am besten steckt man sie in einen Gefrierbeutel und drischt ordentlich mit dem Fleischklopfer drauf, so geht es am einfachsten. Stellen Se sich einfach vor ... ach, lassen wir das. 2/3 von den Keksbrümeln werden mit der zerlassenen Butter vermengt, und die Masse gibt man als Boden in eine Springform und drückt sie recht fest an. So sind die jungen Leute – nehmen einfach Kekse als Boden und sparen sich die Arbeit! Aber man sollte nicht den Kopf schütteln, sondern staunen, wie prima das schmeckt, probieren Se es nur aus!

Für die Füllung wird der Frischkäse mit dem Mixer ordentlich glatt gerührt. Den Zucker und den Vanillezucker beigeben und unter Rühren nach und nach die Eier, die zusätzlichen Eigelbe und die Sahne einarbeiten. Die Masse geben Se auf den «Boden» in die Springform und streuen die restlichen Kekskrümel darüber. Den Kuchen backt man 15 Minuten recht kräftig bei 220 Grad und schaltet den Ofen dann runter auf 120 Grad. Gerade so, dass die Masse stockt. Bei der Temperatur lässt man ihn noch eine knappe Stunde backen und stellt den Herd dann aus. Ich lasse den Kuchen gern im Ofenrohr abkühlen, dann fällt er garantiert nicht in sich zusammen. Ein Gedicht! Käsekuchen stopft, damit kriegen Se die Leute ordentlich satt. Ich habe ja immer Sorge, dass mein Kuchen nicht hinlangt, aber wenn ich einen Käsekuchen zum Anbieten mit dabeihabe, bin ich etwas beruhigter. Dann kommt man mit vier Kuchen für sechs Personen gut hin, bisher ist noch immer was übrig geblieben. Und falls es wirklich mal nicht reicht – bei mir ist immer Zuckerkuchen, Streuselkuchen oder auch Bienenstich im Froster. Der ist in der Mikrowelle im Nu aufgetaut.

Männer im Haushalt

Dieser Ratschlag richtet sich vor allem an die älteren Leser. Unter den Jüngeren sind heutzutage ja so viele Herren, die im Haushalt firm sind und sogar kochen, da muss man staunen. Auch Stefan hat sich viel von Ariane abgeguckt, das er sich von mir nicht beibringen lassen hat. Meine Männer ... aber lassen wir sie in Frieden ruhen, zumindest, bis ich da oben erscheine! – meine Männer hatten eher das Talent, mir vor den Füßen rumzustehen und alles durcheinanderzubringen.

Deshalb ist mein Ratschlag: Lassen Se sich was einfallen, was Ihnen die Männer aus der Küche hält. Besorgen Se ihnen ein Hobby.

Mein Walter hat damals, nachdem er in Rente gegangen war, Kaninchen gezüchtet. Ach, das war was Feines. Er hatte draußen zu tun mit Füttern und Misten und war auch am Wochenende oft auf Ausstellungen unterwegs oder bei anderen Züchterfreunden, um Ricken zu tauschen und den Bock seine Arbeit machen zu lassen und so Zeuch. Das war ein schönes Hobby! Walter war ausgelastet, kam nur zu den Mahlzeiten rein und hatte sein Tun. Wir hatten feinen Kaninchenbraten, wann auch immer es uns danach beliebte, und dass er hin und wieder hässliche Pokale und Wandteller von den Ausstellungen mitbrachte, na, mein Gott, damit wurde ich schon fertig. Schließlich fällt einem dann und wann mal etwas aus der Hand. So hielt ich Walters Trophäensammlung zeit seines Lebens übersichtlich.

Als er dann starb, war Ilse ganz angetan von der Idee, dass Kurt die Kaninchen übernehmen könnte. Mir war es auch recht, so kamen sie in gute Hände, und es freute mich für Ilse, dass Kurt … nun, aus dem Haus war. Schon bald haben wir einsehen müssen, dass Kurt mit der Zucht nicht fertigwird. Wissen Se, man muss bei Kaninchen ganz genau zwischen den Beinen gucken, um den Unterschied zwischen Jungen und Mädchen zu sehen, aber wenn man nur noch zu 40 % sieht … es war traurig, dass es im Sommer noch immer nichts Kleines gab, dafür aber mehrere Rammler mit nur einem Ohr. Einer der Karnickeljungs war offensichtlich von der Fraktion von Siegfried und Roy, wenn Se verstehen, was ich meine, und hat sich sehr wohl gefühlt bei den anderen. Die jedoch wollten nicht recht … na ja, es endete mit bösen Bissen. Kaninchen waren nicht das Richtige für Kurt, Ilse sah das bald ein.

Kurt ist ja eher der Tüftler und Bastler. Sie machen sich kein Bild, was der alles zusammenschraubt! Aus einem alten Kinderwagen, dem Motor von Ilses alter Wäscheschleuder und den Messern vom Rübenhäcksler hat Kurt einen Rasenmäher gebaut. Das Ding schaffte ordentlich was weg! Aber Sie können mir sagen, was Sie wollen, seit dem Tag, als Kurt vom Rasenmäher eine gefledert gekriegt hat, ist er nicht mehr der Alte. Er ist noch schweigsamer und knurriger und irgendwie auch behäbiger in seinem Gang. Ilse lässt ihn seither nichts mehr mit Strom anfassen, und da hat se recht. Wir brauchen unseren Kurt schließlich noch, wer soll uns denn zur Fußpflege fahren, wenn er nich mehr kann? Nee, Ilse passt jetzt auf, was er macht. Das ist zwar mehr Arbeit für sie, aber sie hat ein schönes Hobby für ihn gefunden: Er singt jetzt im Männerchor.

Nee, Sie müssen zusehen, dass Sie die Männer aus dem Haus kriegen, wenn sie Rentner sind. Das tut auch der Ehe gut. Sie kennen das doch, 40 Jahre lang hat man sich nur abends und am Wochenende gesehen. Und plötzlich ist man immer zusammen! Das geht nur in den seltensten Fällen gut. Vertrauen Se nicht darauf, dass sich die Herren eine Beschäftigung suchen. Nehmen Se das selbst in die Hand.

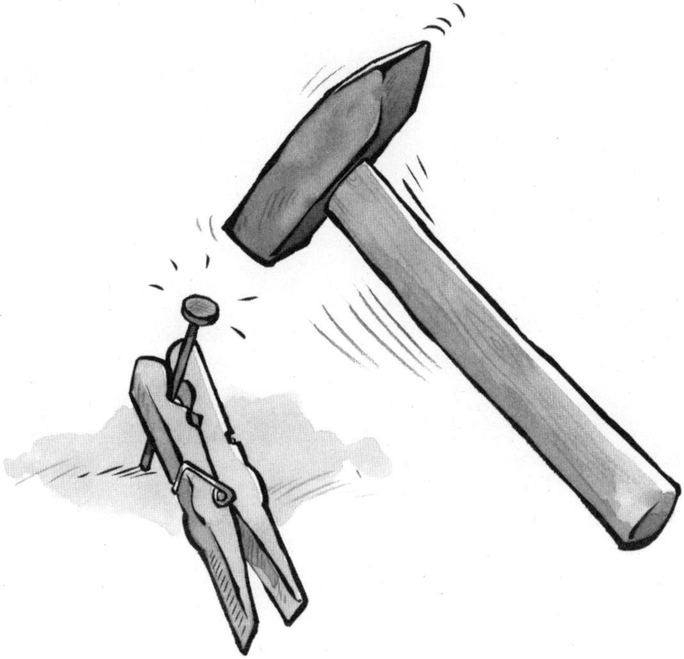

Nagel einschlagen

Mir war immer wichtig, dass ich allein zurechtkomme, nicht erst im Alter. Manche Frauen können nicht mal einen Nagel in die Wand schlagen und sagen: «Ach, das macht mein Mann», aber wenn einem der Gemahl zweimal weggestorben ist, wird man pragmatisch. So schwer ist das gar nicht; wenn Se das Biertrinken und Rumwundern weglassen, sind Se in zwei Minuten fertig.

Also, einen Nagel einzuschlagen ist wirklich ganz leicht. Man muss nur Mut haben und kräftig zuhauen, mit kleinen, schwächlichen Schlägen kommen Se nicht weit und verbiegen höchstens den Nagel. Damit der Daumen nicht leidet, halte ich den Nagel mit einer Wäscheklammer fest. Wenn der Bilderhaken oder der Nagel erst mal drin ist, löst man die Klammer und versenkt ihn so tief wie nötig. Man kann auch einen Kamm nehmen als Nagelhalter. Sie sind doch erfinderisch!

Loch bohren

Manchmal hält kein Nagel, dann muss die Bohrmaschine ran. Man muss aufpassen, dass kein Stromkabel durch die Wand geht, die man anbohren will, das ist das Wichtigste! Da, wo die Steckdosen sitzen, führt immer auch ein Kabel hin, schließlich speist die Dose sich nicht aus der Luft. Merken Se sich das. Und wo die Wasserleitungen und -adern langführen, das hat mir Kirsten mit ihrer Wünschelrute ausgewackelt. Lassen Se die Bohrmaschine bloß von den Wasserrohren! Mein Franz hat mal die Hauptleitung getroffen, ich sage Ihnen, das war keine Freude. Erst sprenkelte es gar nicht im Strahl, sondern sickerte nur so ein bisschen durch. Der olle Zausel wollte es vor mir verheimlichen und hat die Stelle einfach mit Gips zugeschmiert, aber irgendwann sprudelte eine Fontaine, und wir hatten eine Regenwalddusche im Bad, noch bevor die teuren Hotels überhaupt wussten, was das ist.

Nee, immer erst überlegen, dann bohren! Und wenn eine Hausfrau bohrt, dann hat sie auch immer eine zweite Person neben sich stehen, die den Staubsauger direkt an das Loch hält und den Bohrschmutz gleich an Ort und Stelle wegmacht. Was nicht auf den Boden fällt, muss man gar nicht erst putzen. Denken Se praktisch!

Wenn man keinen passenden Dübel zur Hand hat,

hält die Schraube auch ganz prima, wenn man zwei, drei Streichhölzer in das Bohrloch steckt. Das sieht kein Mensch, es kommt doch sowieso ein Bild über die Schraube. Meine Güte!

Parkhilfe

Unser Kurt ist jetzt 87, und dem Himmel sei Dank fährt er noch gern und gut Auto. Bisher sind wir immer heil angekommen. Manchmal dauert es etwas länger, und hin und wieder nimmt er einen anderen Weg, als die Frau aus dem Lautsprecher sagt, aber das macht nichts. Dafür, dass die Augen nicht mehr so recht wollen, fährt er noch prima. Nur mit dem Parken … Ilse versucht ihn ja meist in die Lücke einzuwinken, aber das gelingt mitunter nicht so gut. Stefan sagt immer: «Onkel Kurt parkt nicht, er hört auf zu fahren.»

In die Garage ist er bisher noch gut reingekommen und auch wieder raus, aber um dem Unglück auch künftig vorzubeugen, hat Ilse einen Trick angewandt. Es muss ja nicht sein, dass der Koyota noch gegen die Wand anstößt und dabei etwas von den Regalen ringsherum fällt und den Lack zerkratzt. Ilse hat, als der Wagen einmal gut geparkt war, einen Tennisball an einer Schnur genau so an der Garagendecke befestigt, dass der Ball die Windschutzscheibe gerade berührte. Jetzt weiß Kurt immer, dass er halten muss, sobald der Tennisball ganz leise «BUFF» macht. Dann sind noch 30 Zentimeter zur Wand. Den Haken dafür hat, ehrlich gesagt, der Enkel in die Decke gemacht. Aber mein Ilschen ist dann die Leiter hoch und hat die Schnur vom Ball eingehängt, der Jonas war nämlich wie der Blitz über alle Berge, kaum dass Ilse ihm einen Zehner zusteckt hatte.

Die Frau Meiser hat ganz hässlich gelacht, als ich ihr davon erzählt habe, und «typisch alte Leute» gesagt. Sehr gehässig von ihr! Als sie dann mit dem Steinschlag in der Windschutzscheibe vorgefahren kam, habe ich dann nur gefragt: «Frau Meiser, da haben Sie Frau Gläsers Trick wohl mit einer Kegelkugel nachgebaut?» Wer so unverschämt zu mir ist, der muss auch die Kutsche einstecken können! Die Rotierkutsche. Retour. Sie wissen schon.

An die Seitenwände der Garage hat Kurt übrigens Schwimmnudeln geschraubt. So dämpft es die Tür gut ab, wenn Ilse mal wieder ganz schnell aussteigen will und zur Toilette muss und die Tür vom Koyota dabei so ruckartig aufstößt.

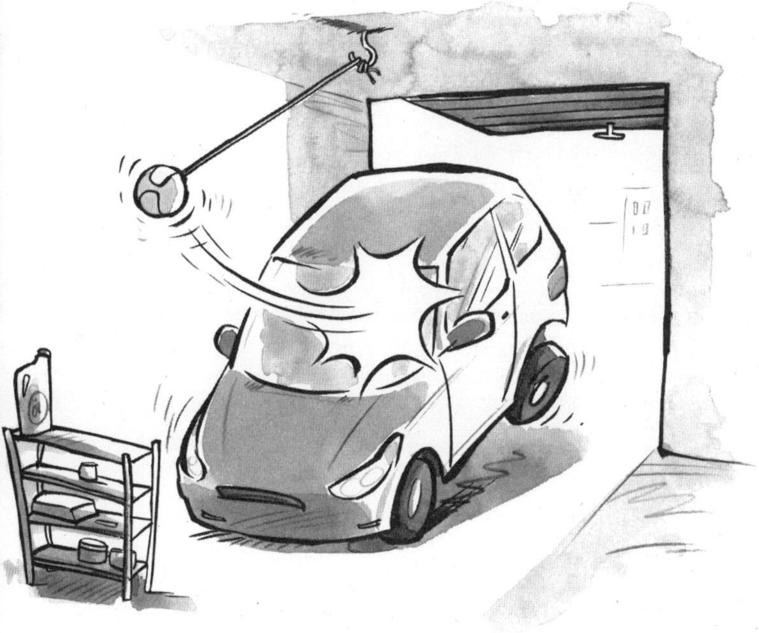

Apfelmus

Wenn im Sommer die Kläräpfel von den Bäumen fallen, wird es Zeit, Apfelmus einzukochen. Das ist keine große Arbeit! Es geht doch nichts über selbstgekochtes Apfelmus! Die Ilse und ich kochen im Sommer immer Dutzende Gläser ein. Kurt und Ilse, die Gläsers, also die beiden Gläsers … Ilse Gläser und Kurt Gläser … die Gläsers … die haben einen prächtigen Klarapfelbaum im Garten, der trägt schöne große Früchte, die sind herrlich saftig und süß. Wunderbar!

Bei Äpfeln muss man keine Angst haben, dass der Kurt sie mit irgendwas verwechselt, das man eigentlich nicht essen soll, und kann sie ohne Angst und mit Appetit essen. Um einen Apfel zu erkennen, reichen seine Augen noch gut … Bei kleinen Beeren bin ich lieber vorsichtig, wissen Se, Gläsers haben schwarze Johannisbeersträucher und direkt daneben einen Vogelbeerbaum. Dabei sieht Kurt eben nur zu 40 % und den Unterschied zwischen beiden Beeren sicher nicht! Ich habe es getestet. Ich habe ihm Blaubeeren, Johannisbeeren und Vogelbeeren hingestellt, und wäre ich nicht eingeschritten – Kurt hätte sie alle genascht und wäre jetzt vielleicht nicht mehr bei uns. Ilse kocht Mehrfruchtmarmelade aus allem, was er aus dem Garten reinbringt – mir wird da Himmel, Angst und Bange. Das esse ich nicht, es ist ein Wunder, dass bisher nichts passiert ist. Aber bei Äpfeln kann ja nichts schiefgehen. Die Früchte werden nur gewaschen und entkernt. Man muss sie nicht mal schälen. Es gibt kein Rezept, man schneidet einfach so viele Äpfel in Stücke, wie wegmüssen, und kocht sie mit Zucker nach Geschmack. Alles ist in wenigen Minuten weich und wird noch heiß fein durch eine «flotte Lotte» gedreht und eingekocht. Da hat man den langen Winter was Frisches auf Vorrat, ganz ohne Chemie, und gespart hat man auch noch. Wer weiß denn, was drin ist in den Gläsern aus der Fabrik? Mit Apfelmus kann ich sogar meine Kirsten begeistern. Wenn sie mich besucht, nascht sie gern davon. Da bin ich dann immer sehr glücklich, wo se doch sonst kaum was isst, das Mädelchen.

HERBST

───────── Ich finde mich bei den **GEWÜRZEN** bei Edeka nie zurecht. Ilse und ich haben es jetzt so **SORTIERT**, wie es auch zu Hause ist. ─────

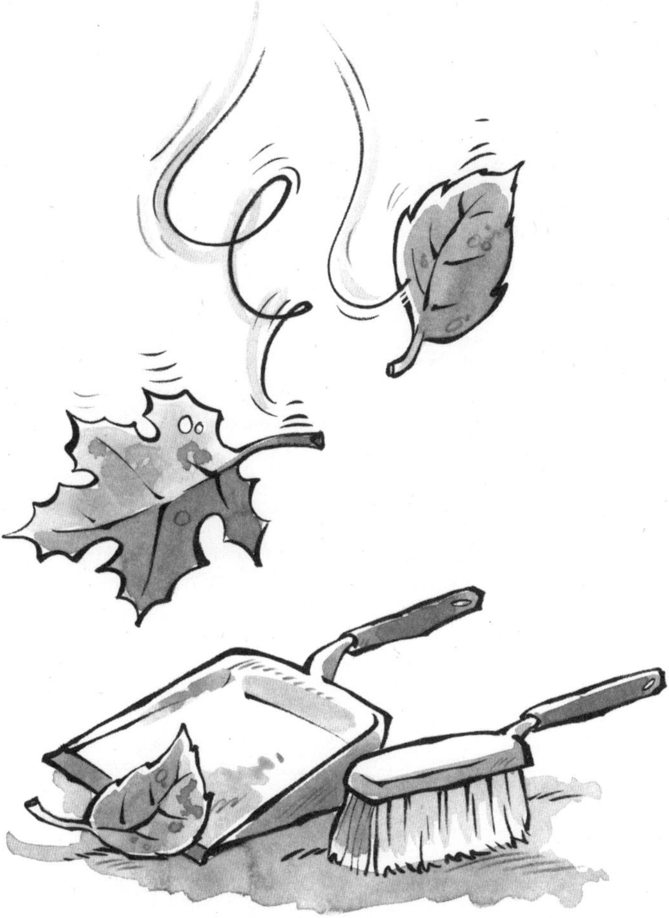

Pflaumenmus

Mus ist eine feine Sache, wenn man – trotz teurer Haftcreme – immer mit Vorsicht zubeißen muss. Im Sommer koche ich Apfelmus, das eingeweckt bis über den Winter eine feine Schleckerei ist. Im Herbst geht es für mich und Ilse dann jedes Jahr weiter mit Pflaumenmus. Das lassen wir uns nicht nehmen. Gläsers haben einen großen Garten mit – lassen Se mich überlegen – ich glaube, es sind fünf. Ja, mit fünf großen, alten Pflaumenbäumen. Denken Se sich nur, letztes Jahr hatte ein Baum Pilzbefall. Ein paar Zweige waren schon ganz weiß, und es sah übel aus. Da ist Ilse in den Gartenmarkt marschiert und hat den jungschen Verkäufer gefragt: «Ich habe Pilze an der Pflaume, junger Mann, was kann ich denn dagegen tun?» Der schnöselige Bengel hat nur «Waschen» gegrunzt und Ilse stehengelassen. Sehr ungehörig. Waschen hat nicht geholfen, Kurt hat deshalb die Äste mit Pilzbefall abgesägt und verbrannt. Das hat wunderbar geklappt, dieses Frühjahr hat der Baum wieder prächtig neu ausgeschlagen und reichlich getragen.

Im September geht es ans Ernten. Ach, das ist immer eine Aufregung, wenn Pflaumenmustag ist! Schon am Tag vorher werden die Pflaumen gepflückt. Für Kurt ist das ein Festtag, weil er da auf die Leiter darf. Bis hoch in die Spitze scheucht ihn Ilse, noch die letzten Früchte müssen runter, damit der Kessel schön voll wird. Unter 20 Wassereimer fangen wir gar nicht an, es muss sich ja schließlich lohnen. Letztes Jahr war Kurt so hoch oben im Baum, dass er sich erst gar nicht runtergetraut hat. Ganz düselig wurde ihm, und wir mussten ihm gut zureden. Ilse hat das Plümeau aus der Schlafstube geholt und zur Sicherheit unter den Baum gelegt. Kurt kam ganz vorsichtig Schritt für Schritt wieder runter, und wir haben zur Begrüßung geklatscht. Kurt war da schon wieder krötig und sagte, dass im Himmel hoffentlich mehr los ist als auf der letzten Sprosse seiner ollen Leiter, wenn es dereinst so weit ist.

Ja, die Pflaumen dürfen nicht gewaschen werden, sondern nur über ein Tuch gerollt. Sonst saugen se sich mit Wasser voll, und das Mus wird eine dünne Suppe. Das gilt auch, wenn Sie die Pflaumen als Belag für Hefekuchen nehmen: Immer nur auf einem Küchentuch rollen, nie waschen! Sonst wird der Kuchen klietschig.

Wir Frauen haben den ganzen Tag zu tun, die Pflaumen zu entkernen. Sie müssen aber nicht solche großen Mengen kochen wie wir – Gläsers heizen schließlich am

Pflaumenmustag den Kessel in der Waschküche an –, es langen auch ein paar Pfund, und es geht auch im Bräter im Backrohr. Heute hat doch kaum noch jemand eine Waschküche! Aber solange Ilse und Kurt noch sind, kochen wir Pflaumenmus bei ihnen, und wenn irgendwann nicht mehr, na, wer weiß, ob ich dann noch kann?

Sind die Pflaumen schön reif, muss nicht mal Zucker dran. Es reicht die pure Frucht. Wenn sie noch etwas grün sind, schütten Sie ein wenig Zucker nach Geschmack hinzu. Wichtig ist, dass alles mindestens vier Stunden bei 200 Grad vor sich hin wimmert – im Kessel bei mäßiger Hitze alle Stunde ein paar Holzscheite anlegen. Die Masse kocht derweil ordentlich ein und wird fest. Das Pflaumenmus ist erst dann fertig, wenn sich beim Rühren am Pfannenboden ein Loch bildet, das nicht sofort wieder zuläuft. Es darf nicht zu flüssig sein! Man muss immer kräftig rühren, die ganzen vier Stunden lang. Ilse, Kurt und ich wechseln uns immer ab, und wer gerade Pause hat, kriegt einen Pflaumenschnaps. Es ist viel Arbeit, aber glauben Se mir, es lohnt sich.

Das Mus füllt man in kleine Gläser ab, die man noch heiß gut verschließt. Es schmeckt wunderbar auf Brot und auch als Füllung für Pfannkuchen.

Und außerdem rutschen meine Tabletten, eingenommen mit einem Löffel Marmelade oder Pflaumenmus, doppelt und dreifach so gut.

Die zwei Tage, die ich im Herbst wegen der Pflaumen bei Gläsers bin, reichen meinen Hausgenossinnen meist schon aus, um das Haus verdrecken zu lassen. Am nächsten Morgen kann ich dann gleich auf Knien durchs Treppenhaus. Die Arbeit hört nie auf!

Kehrwoche

Wenn die Kehrwoche ran ist, stelle ich mir den Wecker auf halb fünf. Ich bin keine, die bis in die Puppen in der Falle liegt, aber wenn Renate Bergmann Kehrwoche hat, will sie sich nichts nachsagen lassen und steht gerne noch etwas früher auf. Was erledigt ist, ist erledigt, sage ich immer. Es fällt doch auf einen zurück, wenn Dreck im Flur liegt! Wenn ich verantwortlich bin, blitzt es ab um sechs, das kann kontrollieren, wer will.

Es geht dabei nichts über einen guten Stubenbesen mit weichen Borsten und einen richtigen Feudel mit Scheuertuch. Bleiben Sie mir bloß weg mit neumodischen Klicksbesen oder Mikrolappen, die angeblich wie von selber putzen. Wenn es richtig dreckig ist, hilft nur, den losen, trockenen Schmutz abzufegen und feucht durchzuwischen. Dem Dreck ist es doch egal, wie teuer der Lappen war. Handwarmes Wischwasser mit zwei Verschlusskappen Allzweckreiniger, das langt allemal. Mehr braucht kein Mensch.

Gern gebe ich noch ein paar Spritzer 4711 oder Tosca in das Wischwasser. So riecht das ganze Haus fein und frisch. Fegen und wischen tun wir alle abwechselnd, so weit habe ich die Hausgemeinschaft im Griff. Leidlich, aber immerhin. Das Treppengeländer habe ich auch noch keine abseifen sehen ... aber man wird ja genügsam und bleibt ruhig. Wissen Se, ich trinke doch nicht Schonkaffee, damit das Herz ruhiger schlägt, und rege mich auf der anderen Seite über Dinge auf, die ich doch nicht ändern kann. Da schnappe ich mir lieber selbst das Bohnerwachs, ziehe den Kittel über und rutsche auf Knien durch den Flur.

Laubharken

Das Laubharken ist in unserer Hausgemeinschaft ein ganz schwieriges Thema. Meine Nachbarinnen sind der Meinung, das harkt sich von alleine weg, und machen keinen Finger krumm. Die ganze Arbeit bleibt an mir hängen. Ich beschwere mich nicht, ich mache das gern.

Ich will auch keinen Dank, aber ich kann doch wohl wenigstens erwarten, dass man mir nicht auch noch Steine in den Weg legt!

Wenn ich im Herbst morgens mit dem Drahtbesen über das Pflaster harke, dann reißen sowohl die Meiser als auch die Berber keine zwei Minuten später das Schlafstubenfenster auf und brüllen, dass es gerade halb sechs ist. Was denken die denn? Dass ich nicht weiß, wie spät es ist?

Die Damen und ich, wir werden nicht mehr warm miteinander. Gerade am Wochenende, wenn sie nicht zur Arbeit müssen, könnten sie doch mal mit zupacken! Aber nein, selbst da liegen se lieber bis in die Puppen im Bett. «Was soll ich denn Laub harken? Die alte Bergmann macht das doch gern!», habe ich die Berber zum Paketboten sagen hören. Denken Se sich das mal!

Aber ich wollte ja nicht klagen, sondern Ihnen einen Trick verraten: Ich schneide einen großen Plastikmüllsack an der Naht auf. Das gibt ein schönes großes Stück Folie, auf das man das Laub prima zusammenharken kann. Am Ende der Arbeit muss man nur die Ecken zusammennehmen und sich nicht noch damit mühen, die Blätter in Säcke zu füllen. Ich werde jedenfalls niemanden darum bitten, mir dabei zur Hand zu gehen, schon gar nicht die verkommenen Damen Meiser und Berber! Da schlitze ich lieber Müllsäcke auf.

Ich habe im Herbst immer eine Rolle Müllsäcke einstecken, wissen Se, man weiß ja nie, wo einen das Laub erwartet! Es liegt nicht nur vor der Haustür rum, sondern auch auf den Friedhöfen. Walter liegt unter Tannen, der nadelt mir nur ein bisschen ein, aber das kann er ab. Die anderen Gatten belauben jedoch so schnell, und wenn nicht einer von den Angehörigen der Nachbargräber mal mitharkt, bleibt auch das an mir hängen. Bei Franz ist es besonders schlimm, da stehen Eichen, Buchen und auch eine riesige Kastanie. Ach, mein Franz, der olle Schwerenöter! Habe ich Ihnen schon erzählt, wie wir seinetwegen mal fast abgebrannt wären? Passen Se auf …

Bratkartoffeln

Es ist gar nicht so leicht, richtig gute Bratkartoffeln zu machen! Früher hieß es, wenn die Männer mal einen Tag allein waren: «Die sollen sich eben Bratkartoffeln machen!» Zumindest bei meinen Gatten konnte ich die Pfanne hinterher wegschmeißen und hatte trotzdem einen hungrigen, knurrigen Kerl am Abendbrottisch. Da waren se alle gleich unbegabt, von Otto bis hin zu Walter.

Am schlimmsten war Franz. Ich war mal auf Betriebsfahrt mit meinen Kolleginnen im Spreewald. Es muss 78 gewesen sein. Doch, 78, das Jahr vor dem strengen Winter. Da hatten wir nämlich so reichlich Kirschen, und die haben wir aus den Gläsern gegessen, als kein Strom war im Winter 78/79. Ja, denken Se nur, ohne Strom haben wir gesessen und Kirschen gegessen. Es war kurz vor Silvester, Franz hatte zwei Kästen Bier gekauft, und dann waren wir plötzlich eingeschneit. Ach, das war ein Schreck, sage ich Ihnen! Kein Strom, man kam nicht mehr vor die Tür, weil der Schnee bis hoch ans Dach lag, und wir hatten zwei Christstollen, zwei Kästen Bier und eingeweckte Kirschen. Und Kirsten war mitten in der Pubertät ... aber wo war ich?

Franz. Ja, Franz hat sich damals Bratkartoffeln gemacht. Ich war nur einen Tag weg, einen einzigen Tag! Als ich nach Hause kam, sah ich die Rauchwolke schon von der Straßenecke aus. Mir blieb fast das Herz stehen. Ich hatte ihm gesagt: «Kräftig anbraten und nicht immerzu rühren, sonst werden sie matschig.» Das hat er gemacht. Auf die größte Flamme hat der Dösel die Pfanne gestellt, und dann ist er rüber zum Nachbarn. Der Mann war wirklich zu nichts zu gebrauchen. Es war ein Fehler, ihn überhaupt zu heiraten, aber nun ist es auch egal. Zwei Winter später hatte sich das von selbst erledigt, er liegt verkehrsgünstig und ist pflegeleicht. Ein paar Kannen Wasser, im Herbst ein bisschen Laub harken – fertig. Ich will mich nicht beklagen.

Nee, richtige Bratkartoffeln sind nicht einfach zu machen. Man muss Geduld haben und eine gute Pfanne.

Ich nehme eine Eisenpfanne, die wird auch nicht abgewaschen, sondern nur feucht ausgewischt und nach dem Trocknen mit Fett ausgerieben. Die ist noch von meiner Tante Polte, sie hat das gute Stück über den Krieg gerettet. Oma Strelemann hat immer gemunkelt, dass Tante Polte damit ihrem Mann eins übergezogen hat und er deshalb ... aber das war alles nur Gerede. Der ist einfach so gestorben. Wobei die Pfanne wirklich sehr schwer ist.

Aber ich verschwatze mich schon wieder. Passen Se auf, richtige Bratkartoffeln gehen so:

Man nimmt festkochende Kartoffeln, kocht sie ganz normal und lässt sie abkühlen. Erst dann werden sie gepellt und in nicht allzu dünne Scheiben geschnitten. In der Pfanne lässt man ein bisschen fein gewürfelten Schinkenspeck in Schmalz aus und lässt das Fett gut heiß werden. Vecketarier nehmen Sonnenblumenöl. Hinzu kommen noch fein geschnittene Zwiebelchen – die dürfen Vecketarier doch auch, oder? Wenn alles goldgelb ist, kommen die Kartoffelscheiben rein – aber nur so viele, dass der Boden gut bedeckt ist und sie nicht übereinanderliegen. Sonst haben Se eine Pampe. Geschwenkt werden die Kartoffeln erst, wenn sie gut Farbe genommen haben und ein bisschen knusprig sind. Braten Se lieber in mehreren Portionen und sparen Se nicht am Fett. Diät machen können Se einen anderen Tag, gute Bratkartoffeln brauchen ein bisschen Fett. Alles wird noch mit Salz und Pfeffer abgeschmeckt, dazu kommt Majoran. Wenn Se haben, frisch – wie das duftet! Wunderbar. Es geht aber auch getrockneter. Machen Se aber keine Muskatnuss ran. Muskatnuss ist nur für Kartoffelbrei und selbst da ganz sparsam. Ich habe noch eine halbe Muskatnuss im Schrank, die habe ich noch auf Lebensmittelkarte gekauft.

Man kann zu den Bratkartoffeln getrocknete Tomaten oder fein geschnittenen Paprika geben, aber mir schmecken se am besten pur. Manche gießen auch Rührei drüber und schwenken alles gut durch. Ich empfehle jedoch ein Spiegelei dazu.

Kesselgulasch am offenen Feuer

Wenn man über den 80er drüber ist, macht man sich so seine Gedanken, was mal mit einem wird. Wie schnell geht es, dass man nicht mehr so kann und vielleicht in ein Heim muss. Ich bin da nicht wild drauf, aber ganz ehrlich – wenn ich vor der Wahl stehe, in ein gepflegtes Seniorenstift oder zu meiner Tochter zu gehen, dann weiß ich, was ich tue!

Deshalb lassen wir vom Seniorenverein keine Gelegenheit aus, unseren guten Kontakt zur Parkresidenz «Abendsonne» zu pflegen. Beziehungen sind doch alles! Und wenn man die Schwestern schon kennt im Fall der Fälle, ist das nur gut.

Wir machen nun seit Jahren zusammen mit den Heimbewohnern ein Sommerfest, und es ist auch schon schöne Tradition, dass wir im Herbst einen Lagerfeuerabend mit Kesselgulasch organisieren. Wir kochen da am offenen Feuer, na, das ist doch was für die Männer! Sollten Se mal sehen, wie die da zu kleinen Jungs werden. Mit Feuer spielen die Kerls fast so gern wie mit Silvesterbomben, sage ich Ihnen.

Das ganze Jahr über sammelt jeder, was an Holz so anfällt. Sie, da staunen Se! Es wird immer mal wieder ein Schrank ausrangiert, oder man bekommt was auf einer Palette angeliefert, die verfeuert werden kann, und so

weiter. Fast jeder hat auch zwei oder drei Vogelkästen zu entsorgen, die der Herr Schnabel so gern bastelt und die er jedem zu allen möglichen Anlässen schenkt. Das alles zusammen gibt ein schönes Feuer.
Am Nachmittag geht es schon los, wir Frauen schnippeln in der Küche die Zutaten, und die Männer fahren das Holz in den Park.

Für das Gulasch braucht man

```
  1 Kilo Mohrrüben
  1 Kilo Kartoffeln
  1 Kilo Sellerie
  1 Kilo Zwiebeln
 10 Tomaten
 10 Knoblauchzehen
  2 Esslöffel süßes Paprikapulver
  2 Esslöffel scharfes Paprikapulver
  1 Tube Tomatenmark
  3 Flaschen Rotwein
250 Gramm Schweineschmalz
  4 Kilo gemischtes Gulasch
    Fleischbrühe

    Salz, Pfeffer, Zucker nach
    Geschmack
```

Ja, das sind ordentliche Mengen, aber wir sind auch eine große Truppe. Für zwei Personen kocht man nicht am offenen Feuer im Kessel, das muss schon lohnen.

Wenn es die Männer geschafft haben, das Feuer anzubrennen, wird der Kessel an einem Dreibein über die Feuerstelle gehängt. Sobald der Kessel schön heiß ist, gibt man als Erstes das Schmalz hinein und brät darin das Fleisch an. Zunächst lässt das ja kräftig Flüssigkeit aus. Erst wenn der Fleischsaft verkocht ist, gibt man das Gemüse und die Gewürze hinzu und gießt mit dem Wein auf. Alles kocht nun in den lodernden Flammen mindestens 3 Stunden vor sich hin. Man muss immer rühren, Holz nachlegen und Flüssigkeit nachfüllen – Fleischbrühe oder Rotwein, ganz nach Geschmack.

Wir fangen immer so an, dass das Essen fertig wird, wenn es schon dunkel ist. Schwester Sabine zieht die Bewohner schön warm an, und alle kommen raus ans Feuer. Wir singen ein paar schöne Lieder, ach, es ist so gemütlich und friedlich am Lagerfeuer! Der Hausmeister Detlef steht übrigens den ganzen Abend über mit seinem Wassereimer neben dem Dreibein und ist löschbereit. Seit Kurt damals den kleinen Unfall mit dem Grillanzünder hatte, traut er ihm nicht mehr über den Weg. Immer wenn die Männer ein paar Vogelhäuschen in die Flammen werfen, knistert es, und man muss aufpassen, dass man nicht zu dicht am Feuer steht und Funken fängt. Der Herr Detlef zuckt dann schon immer mit seinem Wassereimer und knurrt. Zum Essen gehen wir rein – Sie können gern auch draußen essen, aber wissen Se, für uns alte Herrschaften ist das nichts mehr. Man will doch bequem sitzen und nicht den Teller auf den Knien halten. Außerdem müssen alle in Ruhe und bei Licht ihre Tabletten einnehmen. Einer vor dem Essen, einer zur Mahlzeit, einer erst hinterher – es ist bei jedem anders, und es bedarf höchster Konzentration. Zudem wird es, sobald es dunkel ist, auch merklich frisch, und man holt sich so schnell was am Ischias, wenn die feuchte Kälte in den Rücken zieht ... nee, essen tun wir drinnen! Und der Herr Detlef harkt derweil langsam die Asche weg. Aber wir halten ihm immer eine schöne Portion warm, bitte sorgen Sie sich da nicht.

Wärmekissen

Hat man sich trotz aller Vorsicht doch was am Rücken geholt, hilft am besten Wärme. Ich schwöre ja auf meine elektrische Heizdecke. Meine Tochter schlägt immer die Hände über dem Kopf zusammen und hat Angst, dass sich das Ding mal entzündet des Nachts oder ich an einem Stromschlag versterbe, aber das ist Quatsch. Die Bange-Liese soll sich mal nicht so haben. Kurt hat die Heizdecke überprüft und repariert und das abisolierte Kabel erneuert, es kann gar nichts passieren.

Wenn Sie keine Heizdecke haben, kann ich Ihnen Körnerkissen empfehlen. Ilse näht mir jedes Jahr ein frisches. Getreide – am besten Roggen – wird in einen Schlauch aus einem alten Handtuch eingenäht. Ich will ganz ehrlich zu Ihnen sein – vor ein paar Jahren hätte ich gar nicht gewusst, wo man Roggen kaufen kann. Aber seit sich meine Tochter nur noch von Vogelfutter aus dem Reformhaus ernährt, lerne ich auch in diesem Punkt dazu. Aber Gunter Herbst (Sie wissen doch, Gertruds Galan vom Land …) würde mir auch Roggen mitbringen. Der Mann hat nur leider kein gesundes Verhältnis zu Mengen und brächte mir bestimmt einen Doppelzentner an. Nee, das eine Pfund kaufe ich gern bei Kirstens Biofreundin. Das Kornkissen macht man in der Mikrowelle drei Minuten lang schön heiß und legt es sich auf den Rücken. Wenn man im Herbst nach einer Beerdigung mit Chor und Redner und allem Gedöns so richtig durchgefroren ist, weil die Aussegnungshalle wieder nicht geheizt wurde – ach, da ist das heiße Körnerkissen hinterher eine Wohltat! Es löst auch Verspannungen, wenn man sich mal verlegen hat. Ganz herrlich. Wenn es schnell gehen soll und Sie keine Ilse haben, die für Sie näht, können Se auch ein bisschen Reis in einen Socken füllen und den gut verknoten. So geht es auch.

Huhn / Karpfen schlachten

Ich habe lange überlegt, ob ich Ihnen aufschreiben soll, wie man Tiere schlachtet. So zartbesaitet, wie Sie sind, gibt das doch bloß Ärger. Es gehört aber dazu, schließlich wachsen die Hähnchenfilets nicht im Tiefkühlgefrierer im Geschäft! Ich will es Ihnen trotzdem ersparen, aber Sie sollen wissen, dass es für eine Renate Bergmann kein Problem ist, eine Ente in einen herrlichen Braten zu verwandeln. Ich bin auf dem Land groß geworden, und wenn Mutter sich eine Henne schnappte und mit ihr und einem Beil zum Hauklotz ging, dann wusste ich, dass es

Brathähnchen oder Frikassee gab. Ach, wunderbar! Die ergaben eine kräftige Brühe und hatten festes, saftiges Fleisch. Unsere Legehennen kriegten nur Körner und Grünes, die waren so bio, die hätte sogar Kirsten gegessen. Obwohl ... ach, es ist müßig, soll se glücklich werden mit ihrem Salat.

Mein erstes Huhn habe ich einen Tag vor der Hochzeit von Ilse und Kurt geschlachtet. Es war genau genommen ein Hahn, und zwar ein ganz wilder. Er ist immer wie ein Irrwisch auf Mutter los, wenn sie mit ihrer roten Schürze auf den Hof ging. Sie hatte ihn aber im Griff und hat ihm mit der Mistgabel gedroht, wenn sie den Hühnerhof betrat. Dann zog er sich beleidigt zurück und widmete sich seinen Hühnern.

Wir waren den Tach gerade dabei, die Hochzeitstorten für Ilse und Kurt zu backen, und da die Eier ganz frisch sein sollten für den Bisquit, ist Ilse in den Hühnerstall und holte sie aus dem Nest. Die zarte Braut war ganz in Gedanken und bedachte nicht, dass sie genau die rote Schürze trug, auf die der Hahn so gallig reagierte. Das Viech ist wie ein losgelassener Deibel auf Ilse los, er krähte und flatterte und war so kurz davor, sie böse zu hacken, wie Ilse vor der Ehe mit Kurt stand. Ja, meinen Sie denn, er hätte sie mit so einer Verwundung noch gewollt? Ilse, damals unschuldige 19 und besser zu Fuß als heute, schrie und rannte um ihr Leben. Das Gegacker vom Hahn und Ilses Gekreisch überschlugen sich. Meine Mutter, die Frau Strelemann, hackte gerade Holzscheite für den Backofen und schritt mit dem Beil direkt ein. Sie schleuderte die Axt und verfehlte den Hahn genauso knapp wie Ilses linken Hacken. Hätte sie sie getroffen, wären die beiden Fastvermählten nicht besser dran gewesen, als hätte der Hahn Ilse gehackt! Kurt hätte sozusagen ein Aschenputtel heiraten müssen. «Rucke di guh, rucke di guh, Blut ist im Schuh ...»

Ilse brachte sich jedenfalls im Hühnerstall in Sicherheit, Mutter fing den teuflischen Hahn ein, und ich machte mit der Axt kurzen Prozess. Das war schließlich Ehrensache und Mutter und Ilse nach so einem wilden Nachmittag auch erschöpft. Wir tranken hinterher alle drei einen doppelten Korn, um die Nerven zu beruhigen, und buken den Kuchen fertig. Der Hahn kam mit in die Hochzeitssuppe, und wir alle hatten einen unvergesslichen Feiertag. Ilses und Kurts Hochzeit war wirklich ein schönes Fest!

Aber man soll ja nicht immer nur Fleisch essen, die Doktorsche murmelt immer was von «mindestens zweimal die Woche Fisch». Zweimal die Woche schaffe ich nicht, aber Freitags und Silvester fische ich gern auf. Tische.

Letztes Silvester hatten wir Karpfen. Das war auch ein Theater, als das Schlachten ran war, sage ich Ihnen! So ein Fisch hat seine guten drei Kilo, deshalb hatte ich alle zum Karpfenessen eingeladen. Es lohnt sich ja nicht, den für sich allein zu machen als einzelne Person. Ein prächtiges Tier hatte ich vom Fischhändler gekauft, es schwamm seit dem Vortag in meiner Badewanne herum. Die Männer – Kurt, Stefan und Gunter Herbst, der Lebensgefährte von Gertrud – wollten ihm den Garaus machen. Sie saßen mit einer Flasche von meinem Korn in der Wohnstube und tranken sich Mut an, während Gertrud die Beilagenkartoffeln in der Küche schälte. Ilse und ich drehten uns derweil im Schlafzimmer die Wickler ein, damit wir hübsch frisiert in das neue Jahr rutschen konnten. In die Badestube konnten wir ja nicht, wir dachten schließlich, dass die Männer dort just den Karpfen schlachten würden. Aber weit gefehlt. Kurt schob seine schlechten Augen vor. Gunter Herbst jammerte, er würde es nicht übers Herz bringen, weil der Karpfen um den Mund herum so aussähe wie Gertrud – was bei Lichte betrachtet gar nicht stimmt. Gertrud hat mehr Bart. Und Stefan? Der ist schon aus den Latschen gekippt, als er bei der Entbindung seiner Tochter die Nabelschnur durchschneiden sollte. Nee, Stefan ging nicht. Wer hat also den Karpfen mit dem Fleischklopfer ins Jenseits befördert und küchenfertig zerlegt, noch mit den Lockenwicklern im Haar? Renate Bergmann. Männer! Wenn Se mich fragen, sind die überschätzt.

Rumtopf

Ein Rumtopf macht viel Arbeit, erfordert Geduld und penibelste Reinlichkeit, das sage ich Ihnen vorab. Wenn Sie das nicht aufbringen können, lassen Se besser gleich die Finger davon. Er lohnt jedoch die Mühen.

Die Grundlage sind Erdbeeren, damit geht es los. Nach und nach kommen dann über den Sommer je nach Reife die weiteren Früchte hinzu, bis im Oktober Birnen den Abschluss bilden. Für einen guten Rumtopf sind reife Früchte und guter Rum unabdingbar. Mindestens 54 % Alkohol sollte der schon haben, damit nicht alles verschimmelt und die viele Arbeit am Ende vergebens war.

Man verwendet am besten einen Topf aus Steingut, der verschließbar ist und in den mindestens 5 Liter gehen. Ja, gucken Se nicht – es läppert sich zusammen über den Sommer. Es ist wie mit Nudelsalat. Am Anfang denkt man: «Ein Pfund Nudeln ist doch zu knapp», aber dann kommen die anderen Zutaten mit rein, und am Ende holt man die Waschschüssel aus dem Keller.

Zucker gehört unbedingt mit rein in den Rumtopf – nicht nur, damit er süß schmeckt, sondern weil er das Obst haltbar macht.

Mit den Erdbeeren geht es wie gesagt los. Man putzt sie sehr gründlich – bitte übersehen Se keine noch so kleine faule Stelle! – und mischt sie mit Zucker im Rumtopf. Mit Rum wird aufgegossen. Der Topf wird verschlossen und an einem kühlen, wenn möglich dunklen Ort gelagert. Alle zwei Wochen kommen neue Früchte hinzu – je nachdem, was der Garten hergibt. Es kommt immer ein bisschen darauf an, wann was reif ist. Die Natur hat ihre Launen, so ist es nun mal. Mal sind die Süßkirschen zwei Wochen später reif, mal die Pfirsiche eine Woche früher, da muss man gucken. Man kann Süßkirschen, Aprikosen, Pfirsiche, Sauerkirschen, Pflaumen, Trauben und letztlich im Oktober Birnen mit hineingeben. Immer wenn Sie neue Früchte hinzugeben, streuen Sie bitte reichlich Zucker auf die bisherigen Früchte. Bei den ersten beiden Schichten genauso viel Zucker wie Früchte, ab der dritten Obstsorte dann halb so viel Zucker wie Früchte. Danach gießen Se bitte immer Rum auf, gerade so, dass er 2 cm über den Früchten steht.

Zwei bis drei Wochen nachdem die letzten Früchte zugegeben wurden, gießen Se noch mal einen guten halben Liter Rum nach und lassen den Topf in Ruhe ziehen. Anfang Dezember ist es dann so weit: Der Rumtopf ist fertig und darf genossen werden! Aber vorsichtig, Sie wissen ja, was alles drin ist. 54%iger Rum, ich bitte Sie, mein Korn hat nur gut die Hälfte. Und wegen des Zuckers merkt man es gar nicht. Ich muss Sie wirklich warnen, man unterschätzt das so leicht. Irma Krieselfried musste zwei Tage lang kalte Umschläge machen, weil sie so schlimme Kopfschmerzen hatte nach meinen Rumfrüchten vorletztes Jahr. Wir haben den Enkel angerufen, dass er sie abholen kommt. Der Herr Doktor wollte aber partout nichts für den Kreislauf spritzen. Er sagte: «Viel Wasser und frische Luft, dann wird das schon wieder.»

Genießen Se also vorsichtig, gerade die Früchte haben die 54% in sich!

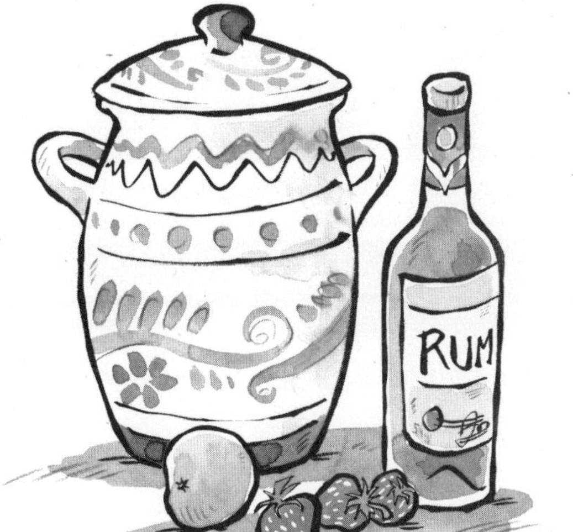
RUM

Grabpflege

Sollte Ihnen der Rumtopf doch ein bisschen Kopfschmerzen bereitet haben, hilft Bewegung an frischer Luft. Es liegt ja immer Arbeit an!

Bevor der erste Frost kommt, sollte man z. B. die Gräber auf dem Friedhof abgedeckt haben. Ich mache das beizeiten, nicht erst in der Woche vor Totensonntag.

Auf die Gräber meiner Männer kommen im zeitigen Frühjahr bunte Stiefmütterchen und nach den Eisheiligen (die kennen Se doch, oder? Das sind die Nächte vom 11. bis 15. Mai, in denen vielleicht noch mal Frost kommen kann) die Sommerbepflanzung mit Begonien. Die halten bei guter Pflege bis Ende September durch, und ich mache nicht noch eine extra Herbstbepflanzung wie andere Leute. Ja, hätte ich nur ein Grab zu versorgen wie Gertrud, dann vielleicht, aber bei vier Gräbern sehe ich das nicht ein. Rechnen Se das mal durch, da kommt ein dreistelliger Betrag zusammen! Und ich spreche nicht von D-Mark, ich rede von Euro. Nee, das ist nicht drin. Es lohnt auch gar nicht. Kaum sind die teuren Chrysanthemen angewachsen, kommen die ersten Kältenächte, und die Pracht ist dahin? Nee, nicht mit mir! Das Geld spare ich. Lieber decke ich schon Anfang Oktober die Gräber mit Nadelzweigen ab und stelle nur ein frostfestes Alpenveilchen im Topf auf das Kopfende. So sieht das

Grab gepflegt aus, es kostet nicht die Welt, und man hat ab Oktober Ruhe mit der Gießerei und kann auch mal auf eine Busfahrt gehen. Einmal die Woche harken langt dann. Das Grün darf man ja heute nicht mehr aus dem Wald holen, die haben sich da knusig wegen bio und Naturschutz und so. Aber ich verraten Ihnen einen Tipp: In jeder Gartensparte sind die Leute froh, wenn man ihnen ein bisschen Heckenschnitt oder etwas von den Tannen abnimmt. Die haben da sehr strenge Vorschriften, wie hoch alles wachsen darf. Ständig laufen Kommissionen mit Messstäben und Klemmbrett durch die Gegend und notieren, wenn Marita Knospe zu viel Rasen hat und zu wenig Buschbohnen oder das Tännchen von Herrn Stosselwitt zu hoch ist. Dann muss er mit der Schere ran und was wegnehmen von der Höhe, damit die zufrieden sind. Da schlägt die Stunde von Renate Bergmann: Die geben das gern ab, wenn man freundlich fragt. Und die freuen sich sogar über ein Vogelhäuschen oder einen Nistkasten von Herrn Schnabel als kleines Dankeschön. Es ist eine richtige Gewinn-Gewinn-Gewinn-Situation, wie Stefan sagen würde: Herr Stosselwitt ist den Tannenschnitt los, ich spare mir das Geld für das Grabgrün, und die Vogelhäuschen finden eine schöne Verwendung und kommen nicht ins Feuer.

WEIHNACHTSZEIT

──────── Kirsten hat mir eine **LISTE** geschickt
mit Sachen, die ich Weihnachten
nicht kochen soll. Ich mache ihr wohl
gedünstete **MEISENKNÖDEL**.────

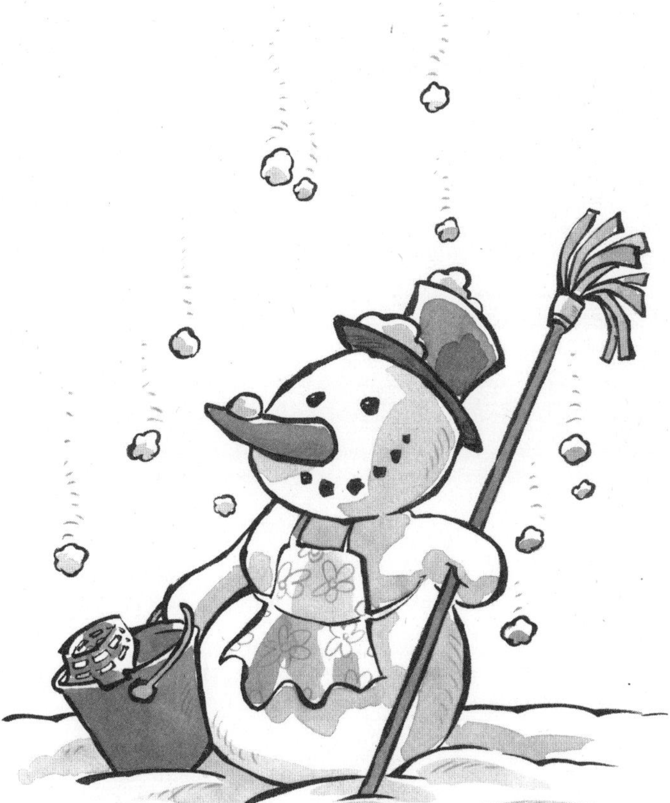

Plätzchen

Wissen Se, bei all dem Weihnachtsstress, den man sich jedes Jahr macht, vergisst man schnell die wirklich wichtigen Dinge. Man rennt rum und kauft für teures Geld Geschenke, die kein Mensch braucht und an die sich spätestens zwei Jahre später keiner mehr erinnert. Oder wissen Sie noch, was Ihnen Ihr Mann 2010 geschenkt hat? Sehen Se! Aber was man nicht vergisst, das sind die schönen Zeiten, die man miteinander verbringt.

Ich bin 82 Jahre alt, und noch heute huscht mir ein Lächeln über das Gesicht, wenn ich an Oma Strelemann denke und daran, wie wir in der Adventszeit gemeinsam Plätzchen gebacken haben. Oma hat den Ofen tüchtig angeheizt und ihre Bockschürze vorgebunden. Sie hatte ja noch eine Kochmaschine in der Küche, ach, das gab so eine gemütliche Wärme! Man heizte sie mit Holz und Kohle. Es war eine Kombination aus Ofen und Herd, etwas ganz Herrliches. Gleich früh holte sie Eier, Butter und was man eben so brauchte, aus der Speisekammer, damit später alles die gleiche Temperatur hatte und der Teig schön geschmeidig wurde.

Nachmittags, nach dem Mittagsschlaf, ging es los. Ich war wohl fünf Jahre alt, als ich das erste Mal helfen durfte. Oma Strelemann band mir eine kurze Schürze um, und ich durfte zugucken, wie sie erst alles in der guten Tonschüssel zusammenrührte und auf dem großen, bemehlten Esstisch tüchtig durchwalkte. Später rollte sie den Teig aus, und ich durfte beim Ausstechen helfen. Sie schimpfte immer, wenn ich vom rohen Plätzchenteig naschte. Wissen Se, da kann man so alt werden, wie man will, es ist einfach zu verführerisch – und auch, wenn man genau weiß, dass der Teig an der Prothese klebt und man des Nachts deshalb noch mal Groß muss – man nascht doch! Nach Omas Rezept backe ich bis heute, und jedes Jahr, wenn ich mit Stefans Frau Ariane und der kleinen Lisbeth, die nun schon tüchtig mithilft, die Plätzchen aussteche, muss ich an Oma Strelemann denken, wie sie zackig den Teig ausrollte. Dann fühle ich mich wieder wie ein kleines Mädchen. Dass ihr Rezept bis heute weitergegeben wird, hätte ihr gefallen. Vielleicht schenken Sie dieses Jahr keine neuen Puppen oder Bauklötze, sondern machen mit den lieben Kleinen mal einen schönen Backnachmittag und rühren Plätzchen an? Sie gehen so:

```
 1 kg Mehl
500 Gramm Butter
500 Gramm Zucker
  8 Eigelb
  8 Tütchen Vanillezucker
  1 Tütchen Backpulver
```

Zunächst siebt man das Mehl in die Mitte der Arbeitsfläche, sodass es einen hübschen Berg gibt. In eine kleine Kuhle kommen dann die anderen Zutaten. Sie sollten zimmerwarm sein, so gelingt der Teig am besten. Am Anfang ist alles so krümelig, dass man denkt: «Das wird doch nie im Leben was, Renate! Gut, dass du notfalls noch Teig eingefrostet hast.» Aber behalten Se die Nerven und kneten Se nur tüchtig weiter, immer weiter, nach ein paar Minuten wird er geschmeidig und nimmt das ganze Mehl auf.

Der Teig muss dann – am besten in Küchenfolie gewickelt, damit er nicht austrocknet – für eine halbe Stunde in den Kühlschrank. Anschließend wird alles noch mal kräftig durchgeknetet. Lassen Se bloß den Mixer oder die teure Küchenmaschine im Schrank, am besten geht es immer noch mit den Händen. Nun teilt man die Menge in vier gleiche Teile und rollt den Teig auf der reichlich bemehlten Arbeitsfläche mit einem Nudelholz dünn aus. Jetzt kommt ein Trick, den Oma

Strelemann noch nicht kannte, sondern den ich Ihnen dazu sage: Rollen Se über eine dünne Küchenfolie, dann klebt Ihnen der Teig nicht am Nudelholz an. Rollen Se ihn schön dünn, vielleicht ... na ... sagen wir mal, drei Millimeter? Ich kann so was immer schlecht schätzen. Eine richtige Hausfrau hat das im Gefühl! Machen Se sich keine Gedanken, wenn er einen halben Millimeter zu dünn oder zu dick ist. Da kommt es nicht drauf an.

Nun können Se Ihren Jemie-Dieter oder Ihre Kiara-Melodie dazuholen. Denken Se daran, dass die kleinen Geister nicht unbedingt die besten Sonntagssachen anziehen, und heizen Se die Badestube schon mal vor, wahrscheinlich müssen hinterher alle in die Wanne. Nun geht es nämlich ans Ausstechen der Plätzchen. Man muss gucken, dass die Kinder Kante an Kante ausstechen und man nicht zu viel Verschnitt hat. Die Kekse kommen auf ein Blech, das man heutzutage – Oma Strelemann musste noch mit Fett pinseln – mit Backpapier auslegt ... Das spart Scholesterin, und die Doktorsche freut sich!

Die Bleche mit den Plätzchen kommen für gute 10 Minuten ins auf 180 Grad vorgeheizte Backrohr, bis sie goldgelb sind. Ach, wie die duften! Ich kann den Geruch schon in der Nase schnuppern, wenn ich nur daran denke. Himmlisch!

Der Verschnitt kann wieder verknetet und neu ausgerollt werden.

Nach dem Abkühlen kann man die Plätzchen noch dekorieren. Die Kinder haben immer so eine Freude am Bepinseln, dass ich meist drei verschiedene Beläge vorbereite:

Zuckerguss
Dazu rühren Se ein Päckchen Puderzucker mit ein paar Spritzern Zitronensaft glatt und bestreichen die Kekse damit. Wer mag, verziert noch mit einer Belegkirsche – ich schneide sie immer auf, wissen Se, die sind so süß, da langt auch eine halbe.

Eierlikörguss
Man nimmt ein Päckchen Puderzucker und einen klitzekleinen Schluck Eierlikör (Vorsicht, wenn Kinder mitnaschen!). Obenauf drückt man eine halbe Walnuss.

Schokolade
Im Wasserbad wird Kuvertüre geschmolzen. Die Plätzchen damit einstreichen und anschließend noch mit ein paar gehobelten Mandeln bestreuen.

Ich sage Ihnen, die Plätzchen sehen nicht nur hübsch aus, sondern schmecken auch allen! Während die Kinder in der Badewanne einweichen, können Sie die abgekühlten Kekse in hübsche Blechdosen legen. An einem kühlen Ort halten sie sich wochenlang und sind auch ein hübsches Geschenk. Eine Renate Bergmann kennt sich schließlich aus.

Kartoffelsalat

Ich bin bestimmt keine, die am Essen spart und bei reichhaltigen Zutaten knausert. Wenn Butter ranmuss, damit es schmeckt, dann kommt auch Butter dran! Ich sage immer: «Esst mäßig und bewegt euch regelmäßig.» Lieber nehme ich nur eine kleine Portion oder ein schmales Stückchen Kuchen, als dass ich etwas esse, was mir nicht schmeckt!

Aber es gibt auch leichte Gerichte, die ganz ausgezeichnet munden. An meinen Kartoffelsalat zum Beispiel kommt keine Mayonnaise!

Ach, dieser Kartoffelsalat hat eine ganz besondere Geschichte. So viel Zeit muss sein, die schreibe ich noch schnell auf. Wissen Se, ich war damals mit Franz verheiratet, meinem zweiten Mann. Es muss Ende der 60er Jahre gewesen sein. Ja, 69 war das wohl, ich hatte das grüne Kleid gerade neu, das mit dem spitzen Ausschnitt. Jetzt weiß ich gar nicht, ob ich Ihnen die Geschichte nicht schon mal ... nee. Ich glaube nicht. Mein Franz kam eines Tages nach Hause, guckte mich groß an und fragte, warum ich denn noch nicht umgezogen wäre. Ich stand da wie vom Blitz gerührt, Sie ahnen es ja nicht: Der Hallodri hatte vergessen, mir von einer Einladung zum Grillfest eines Kollegen zu erzählen! Und auch, dass er zugesagt hatte, «wir» würden eine Schüssel Kartoffelsalat mitbringen. (Ich sollte ihn machen, er würde ihn tragen.) Mit dem Wischlappen hätte ich ihn verprügeln können, so böse war ich. Dieser Kerl! Was sollten denn die Leute denken von mir? Aber eine Renate Bergmann hält auch, was ihr holder Gatte versprochen hat. Mir blieb nichts übrig, als rasch zum Kaufmann zu laufen und Kartoffelsalat aus dem Kühlregal zu holen. Wer hat denn schon fertig gekochte Pellkartoffeln parat?, frage ich Sie. Aber Renate Bergmann – damals noch verheiratete von Mohrskötter – war schon immer eine Frau der Tat. Ich füllte den Fertigsalat um in die Terrine aus dem guten Service und streute reichlich Schnittlauch und Petersilie drüber. Auf dem Grillfest war das DER Schlager, sage ich Ihnen! Alle lobten den Salat, schwärmten regelrecht und wollten mein Rezept. Wie ich mich schämte, nee! Aber wissen Se, praktisch war es doch. Seitdem habe ich immer, wenn eine Feier war und viel Arbeit anstand, den Kartoffelsalat von Feinkost-Wilke geholt. Was meinen Se, was das für ein Schreck für mich war, als die Wende kam und der Kartoffelsalat nicht mehr produziert wurde? Die Wilkes waren alle auf einen Schlag weg, raus aus Berlin. Da stand ich da! Alle kannten den Salat nur als «Renates Kartoffelsalat». Da musste ich dann ein bisschen rumprobieren, und nach ein paar Versuchen kam ich auf dieses Rezept:

Es geht so:

```
  1 Kilo Pellkartoffeln
1/2 Tasse Gurkenwasser
 50 ml milder Weißweinessig
  2 Teelöffel Senf
  4 Teelöffel Zucker
  1 klein geschnittener Apfel
  5 klein geschnittene Gewürzgurken
  1 klein gewürfelte Zwiebel
  1 Knoblauchzehe
1/2 Bund Frühlingszwiebeln
```

Die abgekühlten Kartoffeln werden gepellt und in dünne Scheiben geschnitten. Alle andere Zutaten verrührt man in einer großen Schüssel und hebt die Kartoffeln unter. Alles gut durchziehen lassen, mindestens 6 Stunden lang! Sie werden sehen, der Kartoffelsalat schmeckt wunderbar, und kein Mensch wird nach Mayonnaise fragen. Sogar meine Kirsten mag ihn gerne, wegen wegan.

Jetzt, wo wir den Salat haben, ist mir fast, als hätte ich Ihnen das doch schon mal erzählt … Sind Se mir nicht böse, wenn es doppelt war, aber ich kann mich gerade nicht darauf besinnen, ob es schon einmal irgendwo geschrieben stand.

Buletten

(Wobei mein dritter Mann, der Franz, der aus einem Dorf ein ganzes Stück nördlich von Berlin kam, immer Klopse sagte. Und Herrmann Hagekorn spricht, seitdem er zu seinem Sohn an den Bodensee gezogen ist, immer von Fleischpflanzen. Hihi.)

Buletten gehen ganz einfach. Sie schmecken warm und kalt und sind prima zum Kartoffelsalat.

```
500 Gramm gemischtes Hackfleisch
1/2 Teelöffel Salz
  2 Esslöffel Senf
  2 Esslöffel Tomatenmark
    Pfeffer
  1 Zwiebel
  1 eingeweichtes altes Brötchen
    oder Semmelbrösel
```

Für vier Personen rechnet man 500 Gramm, also ein Pfund – wo wir schon mal dabei sind, können Se gleich noch ein paar alte Wörter lernen! – gemischtes Hackfleisch. Halb Rind, halb Schwein – eigentlich sollte das jedem klar sein, aber heutzutage und mit ihrem Bio-, Tofu- und Putenzeug weiß man ja nie. Vielleicht schmecken Buletten auch mit Lamm und Hähnchen, wer weiß? Probieren Se es ruhig aus und schreiben Se es mir! Auch eine Renate Bergmann lernt noch gerne hinzu! Dazu kommen zwei Esslöffel mittelscharfer Senf, zwei Esslöffel Tomatenmark, Salz, etwas Pfeffer und eine angedünstete Zwiebel. (Die Zwiebel fein schneiden und in ein bisschen Öl in einer kleinen Pfanne glasig dünsten, so schmeckt es viel feiner und ist auch bekömmlicher. Gertrud mit ihrem Reizdarm reagiert auf rohe Zwiebeln ... aber ich will Ihnen nicht den Appetit verderben. Das gehört nun wirklich nicht hierher.) Alles wird mit einem Ei und einem eingeweichten alten Brötchen vermengt. Da gucken Se, was? So was kommt bei mir nicht weg. Das kann man doch noch essen!

Ja, ein bisschen Brot muss dran, damit sie schön binden und nicht beim Braten auseinanderfallen wie Ilses Sandkuchen beim Einstippen. Aber alles in Maßen. Der Fleischer soll daran besser verdienen als der Bäcker, sage ich immer. Und schließlich sind Renates Buletten richtige Buletten und keine gebratenen alten Schrippen!

In einer Pfanne lässt man Butterschmalz oder Öl nicht allzu heiß werden und formt aus dem Fleischteig handtellergroße Buletten. Man brät sie bei mäßiger Hitze von beiden Seiten schön braun. Wenn sie durch sind, legt man sie auf ein Stück Küchenpapier. Das saugt das überschüssige Fett auf, wissen Se. Wegen der Kalorien. Ich trage ja seit über 60 Jahren meine 38. Und das hat eben seinen Grund.

Guten Appetit!

Aber sollten sich – was ganz normal ist in der Winterzeit, schließlich nascht man hier ein Plätzchen, schnabuliert dort einen Eierlikör oder kostet da vom Rumtopf – doch mal ein paar Pfund mehr auf den Hüften angelagert haben, hat Mutter Natur sich bestimmt was dabei gedacht. Man muss schließlich bei Kräften sein und was zuzusetzen haben, wenn der Schnee fällt und man jeden morgen früh rausmuss, um den Gehweg zu beräumen, nicht wahr?

Schneeschieber

Mit dem Schnee ist es wie mit dem Laub – denken Se nicht, die faulen Madams aus der Hausgemeinschaft würden mal mit anpacken! Wenn ich im Winter um halb fünf rausgucke, liegt da Schnee und sonst nichts. Weit und breit keine Meiser und erst recht keine Berber. Bin ich gegen sechs mit der gröbsten Arbeit fertig, muss ich mir noch böse Blicke gefallen lassen. Dankbarkeit kennen die Damen nicht. Um es mir wenigstens so leicht wie möglich zu machen, reibe ich den Schneeschieber mit ein bisschen Speiseöl ein. Man kann auch Speckschwarte nehmen, die man ja meist abschneidet, und sofern Kirsten nicht auf Besuch ist und ich Smufies für sie mixe, schmeiße ich die weg. So hat sie noch ihre Verwendung. Der Schnee klebt nicht auf der eingefetteten Schaufel, und es schiebt sich viel leichter.

Leiser wird der Schneeschieber dadurch allerdings auch nicht. Das tut mir wirklich leid für die Langschläfer-Damen, deren Schlafzimmer auf den gepflasterten Hof zeigen. Aber wir wissen schließlich alle, dass der frühe Vogel den Wurm fängt, nicht?

Vögel füttern

Die Vögel im Winter zu füttern wird auch ein immer teureres Vergnügen, sage ich Ihnen. Früher hat man ein paar Körner gekauft, die wurden zum Picken ins Vogelhäuschen auf den Balkon gestreut, und Ruhe war. Ich hatte meine Freude, wenn die lustigen Gesellen im Schnee zum Fressen kamen und sich possierlich das Gefieder aufplusterten. Der Kater auch. Das Tütchen Körner hatte ich schnell wieder rein, weil es mir eine Menge Katzenfutter sparte ... aber das will ich hier nicht ausführen, sonst regen Se sich nur wieder auf. So ist Mutter Natur nun mal.

Neuerdings verkaufen die aber allerhand buntes Zeug als Vogelfutter. Meisenknödel mit Jod-S11-Körnchen und so ein Quatsch. Ich habe Kirsten letztes Weihnachten einen zum Nachtisch paniert und gebraten, sie fand es sehr lecker, aber sang trotzdem nicht besser, als es später in die Kirche ging. Bei ihr klingt «O Tannenbaum» eher wie «Freut euch des Lebens».

Es gibt mittlerweile sogar kalorienreduziertes Vogelfutter, damit die kleinen Biester nicht zu träge werden und an Herzverfettung sterben, denken Se nur!

Nee, den Quatsch mache ich nicht mit. Ich kaufe das einfache Vogelfutter und fülle es in eine leere Plastikflasche. Natürlich eine, auf der kein Pfand ist, wir haben

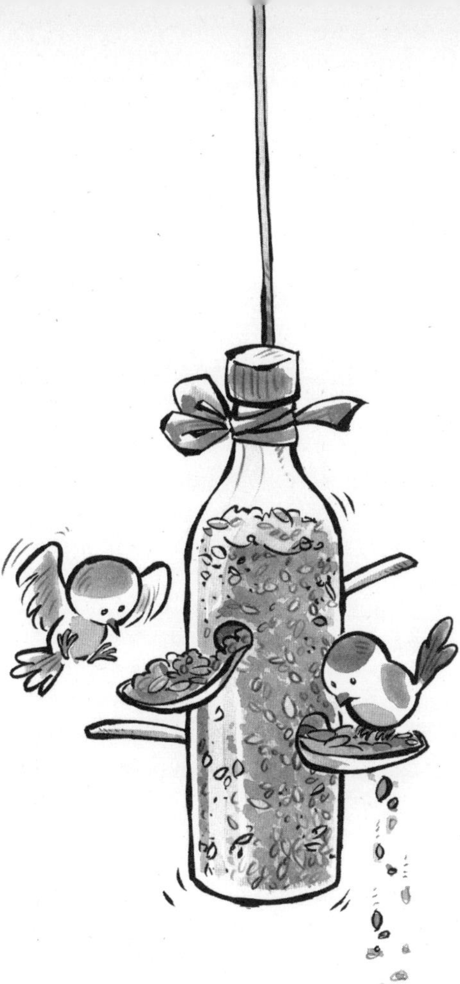

ja alle nichts zu verschenken, was? Hihi. Dann werden kleine Löcher in die Flasche geschnitten, durch die man zwei ausrangierte Kochlöffel über Kreuz so schiebt, dass auf die Löffelfläche immer ein paar Körner nachrutschen können. Man muss das Loch passend groß schneiden. Auf der Stielseite des Kochlöffels können die Piepmätze sitzen und die Körner vom Löffel picken. Kirsten hat gleich Appetit gekriegt, als sie die Vöglein sah.

Der Kater auch.

Pfannkuchen

Na, da geht es ja schon gleich los. Ich sehe doch Ihre Stirnfalten schon vor mir! Wenn ich Pfannkuchen sage, meine ich nicht den Mehlteig, den man in der Pfanne macht. Das sind Eierkuchen! Pfannkuchen kennen Sie vielleicht als Berliner oder als Krapfen. Bei uns in Berlin sagt man dazu aber Pfannkuchen.

Da kann ich mich ganz kurz fassen, das Rezept kennen Se nämlich schon: Es ist einfacher Hefeteig. Er wird ausgerollt, und mit einer Tasse sticht man handtellergroße Küchlein aus. Da kommt ein Klecks – so etwa ein

Teelöffel – Pflaumenmus rauf. Das Küchlein verschließt man zu einer Kugel, die man schön rund rollt. Dabei darauf achten, dass die Nahtflächen gut verschlossen sind, sonst platzt der Pfannkuchen beim Ausbacken auf.

Derweil macht man Schweineschmalz in einem Topf heiß. Es hat die richtige Temperatur, wenn an einem Holzlöffel kleine Bläschen aufsteigen, sobald man ihn eintaucht. Sie können auch pflanzliches Fett nehmen, jawoll. Aber dann sind es eben keine richtigen Pfannkuchen nach Renate Bergmann, dann könnten Se die genauso gut beim Bäcker kaufen. Original sind sie mit Schmalz, Blutfettwerte hin oder her. Ich mache die Pfannkuchen zu Silvester und auch im Fasching, und als kleiner Spaß kommt in einen ein Klecks Senf statt Pflaumenmus. Hihi. Meist kriegt den die Frau Berber, und ob Se mir das jetzt glauben oder nicht – das ist nicht mal Absicht. Mit ihrem maßlosen Appetit greift sie immer gierig zum Größten, na, und das ist eben meist der mit dem Mostrich. Da ist sie selber schuld!

Die Pfannkuchen backt man im heißen Schmalz gute fünf Minuten, bis sie schön braun und innen durch sind. Den ersten bricht man am besten auf, damit man ein Gefühl dafür kriegt. Ist der Teig nämlich innen noch roh, dann ist das nichts. Sie dürfen auch immer nur so viele Pfannkuchen in das Fett geben, dass sie frei schwimmen können und es gut sprudelt. Wenn Se zu viel auf einmal reintun, kühlt das Schmalz zu sehr ab. Lieber zwei, drei weniger, aber die werden dafür lecker. Ein bisschen Geduld braucht man beim Backen, das ist das A und O.

Nach dem Ausbacken lässt man das Gebäck auf einem Küchentuch abtropfen. Schmalz ist gut und schön, aber was überflüssig ist, kann auch weg, nich wahr? Zum Schluss bestreuen Se die Pfannkuchen entweder mit Kristallzucker oder bestreichen sie mit einem Guss aus Puderzucker und ein paar Teelöffeln Milch.

Pfannkuchen backe ich gern zusammen mit Gertrud, am liebsten bei ihr in der Küche. Das heiße Schmalz riecht nämlich, wissen Se. Das muss ich zu Hause nicht haben. Und bei Gertrud riecht es sowieso, sie hat Reizdarm und den großen Hund ... da kommt es auf Schmalz nicht mehr an.

Holzlöffel

Ich koche sehr gern mit Holzlöffeln. Wissen Se, die modernen Geräte aus Telefon sind nichts für mich. Zum Teil sind sie sogar wohl mit Strom! Nee, ich habe noch die Holzlöffel, mit denen schon Kirsten auf die Finger … Aber das gehört jetzt nicht hierher. Oder auch mein Quirl! Ich habe noch die Quirle, die Wilhelm und Franz – also mein zweiter und dritter Mann – aus der Spitze des Weihnachtsbaumes geschnitzt haben. Walter (der vierte) hatte keinen Sinn dafür, so beschäftigt, wie der mit seinen Zuchtkaninchen war, aber ich habe ja auch so genügend Rührlöffel. Die sind sehr praktisch, da kratzt man die Töpfe nicht kaputt, und auch die Speisen vermanschen nicht so. Aber wenn man einen sehr großen Topf hat, rutscht der Löffel gern mal rein, und dann hat man das Theater. Kriegen Se mal einen Quirl aus der heißen Soße, ohne dass die Küche hinterher neu gemalert werden muss. Dass er überhaupt reinfällt, kann man ganz leicht verhindern, indem man eine Wäscheklammer in der Küchenschublade liegen hat, die man bei Bedarf am oberen Rand vom Kochlöffel befestigt. So kann der nicht in den Topf rutschen, man muss nicht mit anderen Löffeln danach tauchen – und die Küchenwände bleiben blütenweiß.

Am Rande bemerkt – wenn Se einen Holzlöffel quer über den Topf legen, kocht das Wasser nicht über. Testen Se das mal, wenn Se das nächste Mal Nudeln kochen.

Monate

Kennen Se das, dass man immer wieder überlegen muss, welche Monate 30 und welche 31 Tage haben? Wenn man sich ausrechnet, wie lange die Tabletten noch reichen und wann man den Termin bei der Doktorschen machen muss, ist das wichtig, zum Beispiel. Oder wenn man den Kindern Taschengeld gibt und überschlägt, wie viele Tage sie damit auskommen sollen. Oder eben, wenn man nachrechnet, ob das Fleisch im Kühlschrank noch gut ist. Dann überlege ich immer wieder – hat der April nun 30 oder 31 Tage? Ach, auch mit meinen 82 Lenzen kann ich mir das einfach nicht merken, obwohl ich das Ganze ja nun schon einige Male mitgemacht habe, nicht? Hihi … Da gibt es einen Trick, den mir meine Oma Strelemann dereinst zeigte: Man ballt die Hände zu Fäusten und legt sie vor sich auf den Tisch, und dann zählt man an den Knöcheln und den Vertiefungen ab: Januar, Februar, März, April, Mai, Juni, Juli – Achtung, jetzt geht's an der anderen Hand weiter! –, August, September, Oktober, November, Dezember. Der Knöchel heißt 31 Tage, das Tal sind 30 Tage. Oder bei Februar eben noch weniger. So kann man es sich gut merken, finden Se nicht?

Ach, das hat die Natur gut eingerichtet. Selbst dass im Juli und August zwei Monate mit 31 Tagen in Folge kommen, hat sie berücksichtigt! Man muss staunen.

Herrje, jetzt habe ich mich an der einen oder anderen Stelle wohl ein bisschen verplaudert. Ich wollte Ihnen aber auch kein Kochbuch und kein Nachschlagewerk für Flecken aufschreiben, sondern ein paar Tipps geben, die sich nur so weglesen lassen. Ich hoffe, Sie haben sich gut amüsiert und an der einen oder anderen Stelle gedacht: «Da hat die olle Bergmann recht» oder «Mhhh, das könnte man doch mal probieren oder nachkochen».

Ihre Renate Bergmann

Register

Apfelmus 115
Bettwäsche und Gardinen 38
Bienenstich 31
Biskuitteig 18
Blumentöpfe 37
Bratkartoffeln 127
Brot 59
Bügeln 57
Buletten 160
Buttercreme 20
Buttercremetorte 17
Eier färben 24
Eierlikörguss 155
Eiswürfel 71
Fensterputzen 51
Fernbedienung 84
Fisch räuchern 92
Früchte nachreifen 59
Frühjahr 11
Grabpflege 145
Große Wäsche 54
Gulasch 132
Guten Tag 5
Händi laden im Hotel 76
Hartfolienverpackung 87
Hefekuchen 28, 122
Hefeteig 28, 30, 31, 167
Herbst 117
Holzlöffel 170, 171

Huhn 136
Huhn / Karpfen schlachten 136
Kabelaufbewahrung 79
Kalte Butter 35
Karpfen 136
Kartoffelsalat 95, 157, 160
Käsekuchen 101
Kehrwoche 124
Kesselgulasch am offenen Feuer 131
Kleinigkeiten unterwegs 78
Knitterfreie Kragen 72
Koffer markieren 77
Korkenzieher 91
Kühlschrank 32
Laubharken 125
Loch bohren 110
Männer im Haushalt 104
Milchkarton 68
Monate 171
Mücken 96
Muskatnuss 130
Nagel einschlagen 109
Nudeln 99
Obstsalat 64
Parkhilfe 111
Pfannkuchen 167

Pflaumenmus 121
Plätzchen 151
Quietschende Schubladen 83
Räuchern im Räucherofen 94
Räuchern in der Küche auf dem Herd 93
Reis kochen 98
Rumtopf 140
Schlüssel markieren 96
Schneeschieber 163
Schnittblumen 36
Schokolade 155
Schokoladenkuchen 89
Selbst eingelegte saure Gurken 66
Silberbesteck 15
Sommer – Einkochzeit 47
Staubsauger 53
Streusel 30
Tütenspender 75
Vasen reinigen 63
Vögel füttern 164
Wärmekissen 135
Weihnachtszeit 147
Zitronenkuchen 44
Zuckerguss 155

Weitere Titel von Renate Bergmann

Das bisschen Hüfte, meine Güte

Das kann man doch noch essen

Ich bin nicht süß, ich hab bloß Zucker

Kennense noch Blümchenkaffee?

Über Topflappen freut sich ja jeder

Wer erbt, muss auch gießen

Wir brauchen viel mehr Schafe

Renate Bergmann
Besser als Bus fahren

«Was braucht man denn als alter Mensch groß? Die Rente reicht für die Miete, und ich kann mir trotzdem noch eine Busfahrt leisten und einen schönen Urlaub mit Gertrud ein-, zweimal im Jahr.

Man muss das Leben genießen, solange man noch krauchen kann! Wer weiß denn, wie lange wir noch reisen können ohne Pflegekraft? Also sind wir los und haben eine Kreuzfahrt gemacht. Die fahren gar nicht über Kreuz, sondern eine große Schleife. Wussten Sie das?

Wir haben viel erlebt. Ich habe den ganzen Schrank voll mit neuen flauschigen Handtüchern, und im Froster ist Dauerwurst für bis Ostern hin!»

256 Seiten